我是一只人间的蝴蝶：李商隐传

子佩
作品

WOSHI YIZHI
RENJIAN DE HUDIE
LISHANGYIN ZHUAN

人民交通出版社股份有限公司
China Communications Press Co.,Ltd.

图书在版编目（CIP）数据

我是一只人间的蝴蝶：李商隐传/子佩著. —北京：人民交通出版社股份有限公司，2019.1
ISBN 978-7-114-15087-6

Ⅰ.①我… Ⅱ.①子… Ⅲ.①李商隐（812—约858）—传记 Ⅳ.①K825.6

中国版本图书馆 CIP 数据核字（2018）第 238857 号

书　　名：我是一只人间的蝴蝶：李商隐传
著 作 者：子　佩
监　　制：邵　江
策　　划：童　亮
责任编辑：刘楚馨　吴　迪
责任校对：刘　芹
责任印制：张　凯
营　　销：吴　迪　张龙定　陈力维
出　　版：人民交通出版社股份有限公司
地　　址：（100011）北京市朝阳区安定门外外馆斜街 3 号
网　　址：http://www.ccpress.com.cn
销售电话：（010）59636983
总 经 销：北京有容书邦文化传媒有限公司
经　　销：各地新华书店
印　　刷：中国电影出版社印刷厂
开　　本：880×1230　1/32
印　　张：7.25
字　　数：164 千
版　　次：2019 年 1 月　第 1 版
印　　次：2019 年 1 月　第 1 次印刷
书　　号：ISBN 978-7-114-15087-6
定　　价：42.00 元

目录
contents

第一卷　一曲挽歌：锦瑟

公元850年的农历二月（唐朝大中四年），长安城笼罩在万物复苏的春季气象之中，街头卖灯笼的小贩大声叫卖着元宵节没卖完的纸灯笼，布摊前围着一群赶做春裙的妇女，小孩们绕着糖人摊唱着歌，四处叽叽喳喳，好不热闹。

绕开长安城热闹的大街，在南郊一僻静的院落里，一位女子正在弹奏锦瑟。女子着一身淡紫色衣裙，高高束起的发髻下是一张温和安定的面庞，与歌姬弹奏出的妖娆曲风不同，她的指尖传递出的是轻柔与安详。她叫王晏媄，她的夫君就坐在她的对面，欣赏她的弹奏，每一次换弦，王氏都抬起头，看一眼她的夫君，这画面恩爱和乐。

她的夫君便是李商隐。

就在此刻，几声短促的敲门声打断了绵绵的乐曲，王氏与夫君一起望向大门，府院里的仆人马上去开了门，原来是信使，仆人接过信交给李商隐。

李商隐看完信，对夫人说："是催促我前往徐州入幕的信，我该走了。"

"不能不走吗？"王氏不舍。

“夫人从不说这样的话，今年是怎么了?”王氏原本就知道李商隐是不得不走的，所以很少说这样的话，李商隐听了很诧异。

“大概是年老了吧，不想再与夫君分开。怕哪一次分开之后，就再也见不到了。”王氏眼中已含着泪。

事实上，这样的生活已经持续很久，一年十二个月，李商隐只在二月才可以与妻子家人相聚，聚少离多的生活让他哀苦但似乎又无法改变。许多人的生活都是如此，原本可以避免的悲伤与分别成为他们的一种习惯，他们麻木地过着日复一日、年复一年相似的生活。

“夫人这是什么话，我去游历几月，明年二月必定按时归来。”

王氏不再说话。回到永崇里之后，王氏默默走进了房内，开始收拾夫君的行装。

第二日天未亮，李商隐便带着行装离去，马车的声音渐远，下人端来一碗药，给王氏服下。

此时的王氏已患病，她对自己的身体状况非常了解，所以比往日更加留恋李商隐，可是又不愿李商隐错过来之不易的官职。

她没能熬到来年的二月，在李商隐去往徐州不久，便因病去世了。

而这期间，李商隐并未收到任何来自家中的消息，直到来年二月，李商隐归家，原本每年都站在门口等候的妻子不在，他快步进入家门，才闻听噩耗，悲痛欲绝。

失去挚爱，李商隐痛不欲生，妻子的笑容在脑海中还很清晰，人却躺在冰冷的地下了，最后一面未见，这又悔恨又哀伤的思绪，生生地折磨着李商隐。

这样的痛让他写下一首流传千古、悲伤而唯美的挽歌：

《锦瑟》

锦瑟无端五十弦，一弦一柱思华年。
庄生晓梦迷蝴蝶，望帝春心托杜鹃。
沧海月明珠有泪，蓝田日暖玉生烟。
此情可待成追忆？只是当时已惘然。

或许痛哭一场便能缓和心中的悲伤，但李商隐没有哭，他把悲伤写成了一首唯美的《锦瑟》，诗中盛满了他的泪。

晚唐时期，诗歌创作已不如以往繁盛，自李白、白居易之后，好诗人甚少。

白居易在晚年时却非常喜欢李商隐的诗，他对李商隐的评价是："我死后，得为尔儿足矣。"李商隐留下无数委婉含蓄的诗句，他的诗句隐忍而优美，他把感情寄托在任何一物体上，这物体便被赋予了悠扬的灵魂，这灵魂带着感情缠绕在他的诗句上，字字句句都让人念念不忘，余音袅袅。

李商隐和妻子的二月之约……他来了，妻子却早已走了，还故意对他隐瞒了离世的消息，连最后一面也未能相见。

这些年，李商隐四处游历，但每年的二月，必定与妻子相聚。二月是李商隐与妻子结婚的月份，可见伉俪情深。

大中四年，李商隐去徐州，约定次年二月相聚长安。

二月初，梨花开，李商隐归心似箭，迫切想要见到妻子，却在抵达长安之后闻家中噩耗，妻子已在去年他前往徐州之后病逝，临走之前嘱咐家人暂不告知李商隐。

李商隐无法面对这个事实，时而认为妻子还没走，在家中来来回回，四处寻找，时而望着家中挂着的素帐，不得已接受这个现实，席地而坐，静默哀伤。

李商隐与王氏上次分开之时，王氏正在弹奏锦瑟，他现在看锦瑟上的每一弦仿佛都印刻着王氏的笑容，如今，那般和乐的日子再也没有了。李商隐见墙角靠着的锦瑟再也无人拾起，心中顿生悲凉，感叹道：这锦瑟为什么会有五十根弦呢？每一弦都让我回想起以前的日子。他仿佛能看到妻子走的时候泪眼婆娑的样子，如以以前跟着他的那些难过的日夜，为离愁，为生活。

“沧海月明珠有泪，蓝田日暖玉生烟。”妻子走后，李商隐独自在家中回想，忏悔。李商隐认为妻子跟了他之后，一辈子都在掉泪，一辈子都在吃苦。妻子像蓝田玉般温润，离去的时候却是冰冷而孤寂的。

“此情可待成追忆，只是当时已惘然。”那还是李商隐从家中离开，去往徐州的前一夜，当时他已经隐约察觉到妻子病了，但是，要去徐州入幕的急切一时占据了他的整颗心，使他完全没有考虑身边人的情况，他天真地认为一切没有那么容易改变，以为不管自己去往何方，妻子永远都在这里等待着他，谁知这一去，竟是永别。

写完《锦瑟》之后，又过了很长一段时间，李商隐才逐渐从悲痛中恢复。妻子撒手人寰，他望着屋里可怜的一对儿女，又写下一首悼亡诗。

《房中曲》

蔷薇泣幽素，翠带花钱小。

娇郎痴若云，抱日西帘晓。

枕是龙宫石，割得秋波色。

玉簟失柔肤，但见蒙罗碧。

忆得前年春，未语含悲辛。

归来已不见，锦瑟长于人。

今日涧底松，明日山头蘖。

愁到天池翻，相看不相识。

他年幼的女儿需要穿着素衣为母守孝三年，直到李商隐归来，妻子离世一年后的如今，女儿仍然郁郁寡欢，此刻她知道父亲的悲痛，自己低着头暗暗哭泣，甚是可怜。他的小儿子，年纪还小，被乳母抱着，还不知失去母亲的哀伤。

李商隐想起前年春天妻子那席依依不舍的话，想必妻子当时已知自己身体的状况，却没有告诉他。想到当时妻子在即将要分开之时心中有多大的不舍和恐慌，李商隐追悔莫及。这阴阳相隔的两个人，即使“愁到天池翻”，恐怕也是相看不相识了。

妻子去世已久，屋外挂着的素帐都已经泛黄，李商隐经常望着空空的院子发呆，他望着走来走去的人，他们一如既往地谈笑，院子里的花草仍然循着春夏秋冬的季节规律暗自生长，三年前和妻子一起打理的庭院一点儿变化也没有，只是女主人已经不在。

年幼的女儿还未懂事就迫不得已接受没有了母亲的事实，李商隐唤来女儿，为她擦掉眼泪，抱起她，竟有一种互相安慰、相依为命的感觉。

这样的日子过了没多久，友人邀请李商隐去西川做幕僚，李商隐不得不与儿女分别。

既然与挚爱相聚，为何就不能不再有离别？可这世上本就有数不清的无可奈何，在李商隐的身上，更是如此。

第二卷　日下繁香不自持

李商隐与王氏的婚姻并不是只按照父母之命，媒妁之言，他们是两情相悦，情由心生。

公元 837 年（唐朝开成二年），李商隐二十六岁，应礼部试进士科及第，在曲江之宴上与王氏相遇。曲江宴是进士宴，但宴会上除了一众进士，还有一些官府女眷，她们来此有相亲之意。所谓才子佳人，这曲江宴就是才子与佳人见面的地方，佳人不是红尘中人，凡是带女眷来参宴的，都有相互介绍的意思。李商隐第一次见王氏，王氏身穿淡粉色的长裙，雅致的脸庞，灵秀动人。王氏善锦瑟，在曲江宴上便奏一曲。只见她玉手轻挑银弦，手上的白玉璎珞叮当作响，像是在给她的曲子伴奏一般，使得这曲子独一无二，只有王氏才弹得出。这曲子宛然动听，李商隐听得心生欢喜，看得如痴如醉，王氏一颦一笑皆让其心动，既钟情于她，则以诗寄情。

《齐梁晴云》

缓逐烟波起，如妒柳绵飘。

故临飞阁度，欲入回陂销。

萦歌怜画扇，敞景弄柔条。

更耐天南位，牛渚宿残宵。

李商隐以“烟波起”来比喻自己爱慕王氏的情愫飘忽而起，他嫉妒可以在风起时趁机亲近伊人的柳絮，也羡慕伊人爱不释手的画扇，相比起来，自己想要亲近伊人却道阻且长，犹隔着一条星河。

李商隐心有所属，便处处留意王氏。李商隐对王氏的心思不同，旁人皆可看出。李商隐的爱慕是痴迷而执着的，甚至羡慕一切可以靠近王氏的事物。

爱情大概是一种让人沉迷不醒的毒药，李商隐见到王氏之时，便服下了。之后恨不能日日与心中所爱在一起，初见之时，就开始羡慕彼此相遇之前她所认识的所有人，无论是她的父母还是兄弟，或者仆人，他们得以与她相伴多年，而李商隐自己，却像是半路杀出一般。

“萦歌怜画扇”，他羡慕王氏手中的画扇，可以日日与王氏相伴。爱情就是如此，一旦发生了，便可能失去理智，甚至想要化作她身边的任何事物。

《效徐陵体赠更衣》

密帐真珠络，温帏翡翠装。

楚腰知便宠，宫眉正斗强。

结带悬栀子，绣领刺鸳鸯。

轻寒衣省夜，金斗熨沈香。

他羡慕她的衣物，每日可体贴地依靠在她的身上，给她温暖，被其熨帖。

他羡慕她所居住的庭院，伊人的身影日日在庭院中游走，像是被庭院拥入怀中。

他羡慕她曾经走过的桥和土地，伊人的纤纤玉脚从上面轻轻踩过。

他羡慕她窗边的一棵桃树，能为她带来一抹色彩，在春日给她欢愉。

他羡慕她眼中的云、淋过的雨，羡慕她手上的伞，这些都给她带来了触感，以及情怀，粘着她的气味，而他，和她尚无联系。

李商隐对王氏的爱慕，在初见时即如此之深，他说自己和王氏隔着银河，王氏在另一头，而如今还未到相见的日子，这日子遥遥无期，还不知该如何跨过这银河。

在宴会上，弹奏完毕的王氏坐到了一边歇息，和一同前来参宴的姐姐及其他年轻亲眷谈笑，李商隐没有忍住，也走上前去，远远地，李商隐就看到自己被一群女眷发现了，王氏一边望着他，一边和其他人低声说着什么。

李商隐被看得很不好意思，但又不愿意放弃和王氏相识的机会，脸都要憋红了，还是往前走了过去。在向王氏靠近的路上，李商隐反复地想：开口第一句该说什么呢？他想要么就问王氏的名字，要么就夸赞王氏的演奏？或者直接说王氏让他心生爱慕，可否认识？

走到一群女眷身边，李商隐正要开口，王氏的姐姐却先对李商隐说："这位公子可是李商隐？"

李商隐惊讶地望着她们说："正是在下，不知你们怎么认识我？"

王氏姐姐说："当然认识，小的时候就听人说过，你可是神童出身，才华横溢。"

李商隐更加不好意思了，原本是自己要开口问王氏的一些情况，最后自己却被盘问了去。

这期间，王氏一直没有说话，她就站在姐姐身边，无意又似乎是假装地看着远方曲江的风景，李商隐偷偷打量了王氏好几眼，都没能抓住王氏的目光。

看这群女眷的表情，她们对李商隐是有好感的。当时的李商隐已经谈了两次没有结果的恋爱了。这一次，他希望不再和以往一样，心都碎了还不能在一起，他希望这次可以有个好结果。于是他收敛了自己的心动，想要认真地从谈婚论嫁开始。

但是这桩婚姻很明显是没有那么简单的，若是按古人所说的门当户对来看，王氏的家庭与李商隐的出身迥然不同。李商隐出身卑微，而王氏的父亲王茂元，原为岭南节度使，太和年间，王茂元出任检校工部尚书、广州刺史、岭南节度使。在任上，王茂元招抚少数民族，颇有政治才干。南方海运便利，多有奇珍异货，王茂元借机敛得巨额财富。王茂元凭借着自己在岭南积累的大量财富，结交了京师的权贵。大臣郑注得宠时，调王茂元为泾原节度使。不止王茂元，王氏的其他亲属中也不乏位高权重之人。所以说，王氏的家庭背景是非常雄厚的。

如今王茂元远镇泾原，在长安城中无宅，王氏住在母舅家，他的母舅是朝中的一位将军，叫作李十。王氏来赴曲江宴便是随他而来。这样的家庭对李商隐这种寒门弟子来说，是可望而不可即的，经历过残酷现实的李商隐对此深有体会。好在李商隐现在已经考取了功名，唐朝又颇为看重新科进士，才情高者，必定会得到重用，李商隐的前途是一片光明的。这样来说，李商隐也有谈论婚姻的筹码，更何况，既然王氏姐妹已经来到了曲江宴，也证明了她们的父母可以接受宴会上任何一名优秀的才子，而李商隐认为自己就是。

所以他自信，他紧紧追随王氏，认定她为此生之妻。

李商隐多方打听到王氏的行踪，便寸步不离地伴随她，一众才子们都知道了李商隐的心思，王氏也不可能不知道。

王氏对李商隐当然是非常有好感的，她被李商隐的才华吸引，被李商隐眼中炙热的爱情光芒打动。李商隐不仅才华出众，相貌在一众才子之中也是佼佼者，在这次曲江宴会的所有才子佳人中，李商隐和王氏这一对最惹众人艳羡，他们所到之地，必定是众人目光所聚之处，除开家世，他们简直就是天生一对。

曲江上有一芙蓉苑，七月夏日荷花盛开，荷香沁脾，景色宜人，引来许多游客前来观光。

曲江上的荷花争相开放，而芙蓉苑是曲江上荷花最繁盛的地方，它就坐落在荷花丛的中间，荷叶密集得令人几乎看不到江面，一片连着一片，仿佛是一块绿色的画布，用荷花点缀。

站在芙蓉苑，就能把整个曲江最美的荷花尽收眼底。芙蓉苑的东边有一条石子路，由石子路走到底，是一个码头，码头上停靠着几叶小舟，可供游人划去游玩曲江。从芙蓉苑出发，沿着曲江流向往外划，便能到达另外一处荷花丛，那里的荷花不如芙蓉苑的多，但也开得别致，是李商隐很喜欢的地方。

一日王氏随李十将军一家去芙蓉苑赏荷，李商隐也被邀请来此。

他们各自划着一艘船，在曲江上相遇，两艘小船在荷花丛中行走，耳边有采菱女子在歌唱爱情。李商隐用爱慕的眼神与王氏相视，只一眼，便钟情，两艘小船相遇，相交，又相离，小船分开了一会儿之后，李商隐回头看，发现王氏也回眸了！

李商隐欣喜不已，心想：王氏一定也是对我有意的！

他们上岸之后，一起去了芙蓉苑的亭子上喝茶对诗，李商隐诗兴大发。

《又效江南曲》

郎船安两桨，侬舸动双桡。

扫黛开宫额，裁裙约楚腰。

乖期方积思，临酒欲拌娇。

莫以采菱唱，欲羡秦台箫。

这就是一首求爱诗，王氏一听便知。这几日交往，李将军早就把李商隐当做了家中人，无论去什么地方，都会通知李商隐一起去。李将军可谓用心良苦。其实，李商隐和王氏之间的感情并不需要他多加撮合，李商隐需要这位将军做的，是为他们的婚事做点帮助。除了这桩婚事，李将军与李商隐在政治思想上也很投缘，这便是才华的魅力，它能吸引到的并不只是异性，也能吸引到许多欣赏才华的能人，李十将军便很欣赏李商隐的才华。他打心底觉得王氏嫁给李商隐是一桩美事，所以他很明确地告诉李商隐，他会全心全力做媒，王氏父母那边就全靠他了。李商隐得到了李将军的支持，更加有信心了，他大步往前，不再害怕感情的伤害，一心要娶王氏为妻。

曲江之游的美好在李商隐得知王氏不久要远去泾原时戛然而止。立秋之前，王氏就要离开长安回到泾原，而李商隐和王氏的关系尚未确定。还未得到心上人确切的回应就要分开，李商隐心中忐忑。

《荷花》

都无色可并，不奈此香何。

瑶席乘凉设，金羁落晚过。

回衾灯照绮，渡袜水沾罗。

预想前秋别，离居梦棹歌。

曲江的荷花美得令人忘乎所以，如同王氏带给李商隐的感觉。李商隐在赏完荷花回去之后情不自禁地想念、回味，王氏的笑容浮现在脑海中，李商隐心不在焉，他打翻了茶碗，写错了字，脸上却仍然难掩笑意。不过只要一想到王氏在立秋之前要离开，刚刚还挂在脸上的笑容就消失了，取而代之的是不舍的愁容。

黄昏之时李商隐与王氏要分开，但他却把自己的心留在了王氏身边。

《曲池》

日下繁香不自持，月中流艳与谁期？

迎忧急鼓疏钟断，分隔休灯灭烛时。
张盖欲判江滟滟，回头更望柳丝丝。
从来此地黄昏散，未信河梁是别离。

李十将军见李商隐写此诗，察觉李商隐对王氏爱慕很深，便书信一封给王茂元，想从侧面打听一下王茂元的态度，但并没有得到王茂元的任何回应。

第三卷　偷桃窃药事难兼

入秋，王氏远去泾原，李商隐见不到王氏，思念成疾。

相思病实际上就是李商隐心情不佳，导致生了风寒。原本想在家中休息几日就好，谁知这咳嗽越发严重，迫不得已只好出门抓药，出了门才得知当日是农历中元节，道观中真人皆出。看到街上的真人，李商隐想起了什么，但是又摇头，觉得自己不该乱想。

可世事就是这么巧，李商隐不愿想到什么，就会遇到什么。

他刚从医馆出门，神思飘忽中竟然重逢旧知宋华阳，一时情绪波澜起伏，往日种种迎面而来。

宋华阳是李商隐年少时的知己，说年少也不过是几年前，那个时候的李商隐还很年轻。

公元 832 年（唐太和六年），李商隐离开怀州去参加进士科考试。在离开怀州之前，李商隐去了王屋与前辈、师尊告别，其师尊刘从政特意给了李商隐一封书信，让其送给京师华阳观的宋华阳姐妹，以此把李商隐介绍给她们认识，好让李商隐在京师有人照应。

当时，去往长安应试的人士一般都是居住在公主的华阳观里。华阳观在长安永崇里，永崇里是长安有名的一处地方，白居易曾这样描写永崇里的幽静：

季夏中气候，烦暑自此收。萧飒风雨天，蝉声暮啾啾。

永崇里巷静，华阳观院幽。轩车不到处，满地槐花秋。

白居易的诗美，那是因为华阳观这个地方更美！李商隐便是在这样幽静的地方与宋华阳相遇相知。

李商隐来到华阳观，华阳观孤傲地立于永崇里中心，观前一池荷花静默绽放，池水清澈见底，能够看到有零星几条小鱼儿嘴巴一张一合啃着莲根，呼着气泡，蜻蜓停在荷叶上，若是无人惊扰，便不离开。池水应是流动的，但又见不到它的流动，它和观旁的小溪悄悄地在地底下汇聚，使得池水永远生动清冽。

李商隐带着师尊刘道士给的书信来拜访宋华阳，李商隐在第一次见到宋华阳的时候，就惊其为天人。宋华阳一身宽松的道袍里是一副瘦削的躯体，清秀的面庞，双眸似水，带着淡淡的冰冷，似乎能看透一切。

“仙子？”李商隐情不自禁叫了一声。那痴傻模样让观前的几位真人都笑了。

宋华阳冷静地款款上前，走起路来宛如不食人间烟火的仙子。宋华阳的身后紧跟着一稚嫩的丫头，模样也很俊俏。她们笔直地站在华阳观前的荷花池旁边，这一幕恍如仙境。

宋华阳接过刘道士的书信，非常感谢李商隐这位信使。她对李商隐说的每句话，李商隐都没有听见，只觉得是清风徐徐吹过。

宋华阳打量着这位书生，衣着华贵，却不似是自己的衣裳，眼神中透着卑微却又偶尔闪过一丝傲气，年轻的面孔带着一抹不符年纪的沧桑。

宋华阳亲自带着李商隐去住下来，招呼李商隐有什么需要的随时可以找她，还说每天上午在道观大堂，举子们会聚在一起吟诗作对或者讨论当下治国之道，兴许对考试有些帮助，李商隐也可以去参加。

李商隐去参加了一次，他走进大堂正门，还未坐下，就有一人对他说："你可是令狐楚门下的李商隐？"

李商隐缓缓站起来拱手说："正是在下，不知有何指教？"

那人说："不敢不敢，怎敢指教你？你既可以直接参加明经科，何不让令大人给你安排个差事，好过这千辛万苦地考。"

李商隐本想反驳，但话没说出口，咽了回去，从那之后，李商隐便不去这种人堆里了。

不去和举子们聚会争论，李商隐就闲了下来。在那些等待考试的日子里，李商隐就一个人在道观闲逛，或者在后院里看书写诗。

一日，李商隐在后院看书看得困倦了，本想离开，却看到宋华阳和那位稚嫩的丫头坐在远处的亭子里喝茶，宋华阳正拿着一本书读得认真。

既然看到了，理应去打个招呼，更何况李商隐此时也想喝一口茶。

李商隐轻步走进亭子，咳嗽一声，宋华阳注意到李商隐，她抬起头，放下书，邀请他坐下。经介绍，李商隐得知那稚嫩的丫头是她亲妹妹。

宋华阳说："怎么不见你和举子们一起学习，倒是喜欢一个人四处溜达？"

"观点不同，无法苟同。"李商隐自己倒了一杯茶。

"虽然你们观点不同，但方向倒是一样，皆是追逐仕途名利。"宋华阳道。

“真人所说甚是，同一个目的地，有的人走小路，有的人走大道；同一个目的地，有的人为了名利，有的人为了志向。”李商隐喝了一口茶，说得隐晦。

“在道观喝茶听风，也是不错的志向。”

“若能像真人一样洒脱，仙风道骨，在下也必定愿意做一只闲云野鹤，自由自在，可惜在下生了一副凡胎，为世事所牵绊，身不由己。”

宋华阳不再说话，喝了几杯茶之后，便带着妹妹告辞回去了。

李商隐住下没多久，又收到了王屋师尊刘先生的书信问候，李商隐立即回写了一首诗一并送给宋华阳和师尊刘先生。

《赠华阳宋真人兼寄清都刘先生》

沦谪千年别帝宸，至今犹谢蕊珠人。

但惊茅许同仙籍，不道刘卢是世亲。

玉检赐书迷凤篆，金华归驾冷龙鳞。

不因杖屦逢周史，徐甲何曾有此身。

宋华阳在李商隐的诗句中看出，李商隐是一位孤傲且不喜官场之风的清高才子，但又从他的一举一动中感受到颇多处事的城府。

但不管怎样，宋华阳对李商隐怀有一颗关切与试图了解之心。宋华阳原是宫内侍候公主的宫女，因随公主入道做了女道士，而华阳公主是因病入道祈福的。在唐朝，道教为国教，有许多公主选择入道，有的为祈福，有的则为情。实际上入道之后的公主社交活跃，经常举办各种活动邀请文人才子来道观。当时的华阳公主生来多病，希望通过入道祈福来治病以保长生，因此得建华阳观。

在宋华阳这位真人的心里，入道更多的是来自公主之命，而非看破尘世。李商隐所说的活在世上，有许多的世事牵绊，身不由己，宋华阳不也是如此？李商隐想要在道观喝茶听风，却不得，宋华阳并不愿始终在道观，想要还俗，也不得。

自从宋华阳姐妹和李商隐在亭中相谈甚欢之后，三人就熟络起来，经常相聚后院，喝茶听风写诗。

一日，天气阴沉，小雨纷纷，李商隐一早就在亭子里读书。

雨越下越大，他想着今日宋真人是不会来了。正要离开，宋华阳和妹妹竟然淋着小雨走来，她俩的道袍已有点湿，一阵微风吹过，宋华阳打了个冷战，嘴唇也有点发紫。那一刻，李商隐觉得高高在上的宋真人竟然也有如此脆弱让人怜惜的时候。李商隐连忙侧身让两姐妹躲进亭子，宋华阳的妹妹打趣说：“天公不作美，日子不好过，什么时候还了俗，找个人嫁了可好？”说完就直直看着李商隐。

李商隐听得一怔，被盯得极其不好意思，宋华阳姐妹看到他呆愣的反应，便大笑起来。

后来李商隐离开华阳观，又给宋华阳姐妹写下一首诗。

《月夜重寄宋华阳姐妹》

偷桃窃药事难兼，十二城中锁彩蟾。

应共三英同夜赏，玉楼仍是水精帘。

李商隐年少，宋华阳年纪也不大，李商隐才气横溢，宋真人仙风道骨，两人所见颇同，心心相惜实属正常，但这互相的爱慕与宋华阳身在道家须遵守清规一事相违背，遵从感情与遵守规矩难兼得，李商隐心中也不是滋味，只能把这份感情压抑在心里，掩藏在诗中。

“十二城中锁彩蟾”，十二城指华阳观，锁彩蟾即是指道观中的清规束缚。“应共三英同夜赏，玉楼仍是水精帘。”如此月色，想要和宋华阳姐妹共赏，玉楼却如同一道水帘把我们分隔开来。

不知是否当初华阳观上月色格外怡人，给李商隐极其深刻的印象，李商隐对宋华阳的感情也如同这月色般朦胧沉静，并且如同月光一样在华阳观留下了一地的回忆，以至于后来李商隐写了许多关于月色和嫦娥的诗寄托自己对宋华阳姐妹的这份感情。

《嫦娥》

云母屏风烛影深，长河渐落晓星沉。

嫦娥应悔偷灵药，碧海青天夜夜心。

在李商隐的心中，华阳观和月宫一样冷清，或者说在李商隐心中宋华阳是和嫦娥一样孤寂的，相爱之人心有灵犀，李商隐必定是感受到了宋华阳内心痛苦所在，他把宋华阳比喻为嫦娥，嫦娥在月宫中孤寂，悔偷灵药，想回凡间。

宋华阳跟随公主入道，并非自愿，现又遇到李商隐这位知己，还俗之心常浮于面，自然觉得道观难熬。李商隐此诗是自己所写所想，但也是宋华阳内心的写照。

另一首诗写于中秋月明之夜。

《秋月》

楼上与池边，难忘复可怜。

帘开最明夜，簟卷已凉天。

流处水花急，吐时云叶鲜。

嫦娥无粉黛，只是逞婵娟。

楼上池边，是华阳观之景，李商隐难忘初次见到宋华阳时的大背景。李商隐与宋华阳互相有意，却无法开口，无法将这份感情置于阳光之下、世人面前。感情就是如此，越是不得，越是揪心，也就越是深刻，这样的感情像是心中无端生了一根刺，扎得生疼，却还不舍得拔出。

月明夜，秋凉天，追忆宋华阳，此处嫦娥也是喻宋华阳。

而李商隐对宋华阳的感情就如同藏在月之阴面，没有人看到，却是真实存在着的。他们互相没有说明，总是在情意刚起之时，就因为过多的思虑而被自己斩断，明知这样的感情是悬空的，无处安放的，还是因为人之本能不小心拿了起来。那些千古流传，令人心肠寸断的爱情故事往往是“有情人难成眷属”的，于情不自禁中开始，在情难自持中不得不结束，许多人都想要把残缺变为圆满，但最终都不得不向真相和现实的缺陷低头。不为白头、只争朝夕总有它的美丽之处，就如同李商隐和宋华阳，不言明这份感情即使有遗憾，也不失为一种朦胧的美好。

雨过之后，一层薄雾笼罩着远山，从华阳观内看过去，如同仙境一般。李商隐和宋华阳都看到了。

宋华阳说："你看那薄雾、青山一相逢，便有了这样的美景，你觉得是谁成就了谁？"

"自然是互相成就的。"

"不，是雨，若是没有刚刚那阵雨，就没有如此美丽的景致。"

"话虽如此，但雨又是天气季节所致，这样一想就复杂了。"

"正是因为这种复杂的联系，远处的山虽远，却能够收敛在我们的眼里，而对于远方的美景来说，我们的檐下畅谈何尝不是它们的风景。这样的相遇正是雨所致啊。"

李商隐看了看宋华阳，明明知道这是一句情话，却不晓得自己能说些什么，他不知此时宋华阳心中有多少的期待和痛苦，只在多年之后回想，才明白自己辜负了当年宋华阳的一片心意。

在华阳观中，李商隐为宋华阳写的最后一首诗是《楚宫》。

《楚宫》

十二峰前落照微，高唐宫暗坐迷归。

朝云暮雨长相接，犹自君王恨见稀。

在这里，李商隐描写巫山十二峰之景，是以楚王梦遇巫山神女之事比喻自己对宋华阳之感情，朝云暮雨，不舍分离。

后来，李商隐落第，家中来了书信，母亲在书信中问及近况，李商隐以母亲为重。如今没有考中，留在长安没有意义，便准备先离开长安，回到怀州母亲身边。

走的那天，宋华阳姐妹来送了，李商隐还在落第的忧伤之中，郁郁寡欢。宋华阳姐妹为其饯行，一起吃了最后一顿饭，宋华阳在席间安慰李商隐说："科举失与得是再平常不过之事，还望你不要挂怀，来年……再来。"

李商隐说："虽说我也望有一日得官职，入仕途，但这其中的不公不是我这种平常之人所能了解，我大概是有才无人识吧。"

"世上无难事，只怕有心人。你若是真正向往，即使再坎坷，也必定能够做到。"

宋华阳的话有两层意思：一层是她想安慰这位知己；另一层则是从李商隐的行事之中看出他并不适合仕途，所以说他落第是因为他并非真正向往仕途。这世上最了解李商隐的，该是宋华阳这位知己了。不过这并不能改变什么，李商隐身上的担子太多，有些路都不是自己所走，而是有人在后面推着他，他不得不走。

要不是看过李商隐这一生，也不会知道李商隐不适合仕途这回事。宋华阳是怎么看出的呢，大概是从诗和为人上吧，李商隐够真性情，不够圆滑，若没有贵人相助，朝廷中人怎么会去看一无名才子的真性情？无名的真性情还不如一位无才的圆滑之人，靠溜须拍马都比李商隐更容易进入仕途。

饭罢，马车已经等候在华阳观门口，李商隐去自己房间拿包裹，宋华阳姐妹便跟在他身后。宋华阳看起来云淡风轻，但宋华阳的妹妹就忍不住了，她的脸上满是不悦，她原本以为李商隐和姐姐就要成为一对佳偶，谁知李商隐说走就走？

宋华阳的妹妹几度要开口讲话都被宋华阳悄悄拦了下来，宋华阳知道她要讲什么，偏不让她讲。

李商隐为什么就不能不走呢？他不是孑然一身，他有母亲以及一大家子需要养活。科举失败让李商隐灰心丧气，一个灰心丧气的人还怎么拿得起一段感情？李商隐心中不是对宋华阳无情，有好几次他都想问宋华阳可不可以跟他走，但话在嘴边，又未开口。科举结果未出时，李商隐等着科举中第，那时有底气对宋华阳开口，如今李商隐一无所有，看着仙子般的宋华阳，年少的李商隐有点情怯。

李商隐一心想着母亲，离开家已久，也不知母亲可好，现如今自己科举失败，实在不应留在华阳观过着对月吟歌的逍遥日子，纵使万般不舍，也是要分别了。

他想对宋华阳许下诺言，想告诉宋华阳，来年考试时再来寻她，但又担心这样会使宋华阳不切实际地等待，便干脆什么也没说。

李商隐背着包裹缓缓走向马车，宋华阳姐妹和他来的时候一样，站在荷花池边，相同的位置，相同的表情，李商隐回头看来，觉得人生相遇与离别并无什么不同。

宋华阳一脸淡漠，她没有话要留给李商隐，眼中也没有泪，这让站在身边的妹妹困惑不已。

直到马车走远了，宋华阳还是如此站在观前。

李商隐从马车中回过头，看着渐渐变小的宋华阳，渐渐消失的华阳观，渐渐模糊的长安城。

夜色渐晚，宋华阳仍然站着，直到此时，宋华阳的妹妹才懂了，宋华阳的痛在心底，她的灵魂早就追随李商隐而去，留下的不过是一副死心的身躯。

直到宋华阳面无表情地站了一个时辰，宋华阳妹妹终于忍不住了，她对宋华阳说："姐姐，天色不早了，他走了，看不到了，我们回去歇着吧。"

话刚说完，两行眼泪从宋华阳的眼中滑落，像是忍了很久才终于脱眶而出，宋华阳差点晕倒，她妹妹及时扶住了她，一起回到了观内。

宋华阳对李商隐说的每句话，付出的每一份情，当时的李商隐不够明白，但之后李商隐在人生路上每每遇到挫折，还是会想起这位知己，这份感情真挚虔诚，比炙热的爱情更加难能可贵。

一晃五年过去，此时已是开成二年的中元节，在长安街上重逢宋华阳，千万情愫涌上李商隐的心头。

李商隐远远望着宋华阳，眼中不觉有了泪，故人再遇，偏偏在此憔悴之日，他走上前仔细看，看到宋华阳也增添了许多的沧桑。

五年前，李商隐住在华阳观，对宋华阳无话不说，而如今他们互相一无所知了。李商隐捏着从医馆拿的两包药，心想若是宋华阳问他过得好不好，他定要回答"不好"。

五年前分别之时，以为来年便会再见，谁知都五年了，他也没有兑现当初的承诺。每一次面对分别都无法预知重逢，看似确定的事情也都会有变数。这么些年，李商隐就住在长安，但再也没有去寻找过宋华阳。宋华阳望着他不说话，李商隐开口想把这几年发生的大事情都与宋华阳讲讲，却不知她还是否还愿意听，而那些在自己身上发生的旧事又该如何说起？

宋华阳也没想到会突然碰到李商隐，脸上本是惊讶的表情，她见李商隐还和往常一样，并没有主动上前打招呼的意思，心中有些芥蒂，于是对李商隐笑了一下，随意几句寒暄便称有事要告别了，李商隐只好把内心的千言万语都汇作了诗。

《中元作》

绛节飘飖宫国来，中元朝拜上清回。

羊权须得金条脱，温峤终虚玉镜台。

曾省惊眠闻雨过，不知迷路为花开。

有娀未抵瀛洲远，青雀如何鸩鸟媒。

与宋华阳淡淡招呼，匆匆拜别，这感情的温度早已不及年少之时，人还是旧人，情却不是旧情了。旧情如同一屉封存在记忆中的宝物，在追溯之中才显得弥足珍贵，因此李商隐能凭借回忆写下唯美的诗句。然而封存的感情就不再有变化，成了不会流动的一池湖水，美而不生动，完整而不会再延展，记忆的宝物无价也无市，旧情珍贵却失了温度。

偶尔在心中牵起丝丝情绪，才会悄悄打开抽屉，翻开重温片刻即合上。

第四卷　我是梦中传彩笔

拿了药后，李商隐回到家中，吃完药昏睡了一整天，身体才好转了。

他回想宋华阳，觉得这么见了一面就分开，过意不去，心中像是起了个疙瘩，必须见到宋华阳才能消除。于是，李商隐起身准备去华阳观，谁知在路上遇到了同为新科进士的韩瞻，韩瞻是当日和李商隐一起在曲江宴上议婚的进士。韩瞻看上的是王氏的姐姐。韩瞻对李商隐说："你这么匆匆忙忙是要去什么地方？"

李商隐不好说是去华阳观找旧时知己，只好说："在家闲着想出去走走，你呢？"

韩瞻说："我是来找你啊，我是要告诉你一件喜事，曲江宴上我和王姐姐彼此倾心，已经取得她父亲的同意了。"说完，韩瞻晃了晃手中的信，这是一封来自王茂元的信，信上所写是择日完婚。

李商隐不可思议地看着信说道："你是怎么做到的？"

韩瞻说自己并没有做什么，就是王姐姐向她父亲秉明此事，她父亲同意了，仅此而已。

李商隐心生羡慕，想着自己和王氏的感情之深不亚于他们，不知王氏是否有秉明王茂元呢，若是秉明了应该和韩瞻一同来消息才对，不论是同意还是不同意。

想到这里，李商隐便没了去找宋华阳的心思，回到家中等候。

一个月过去了，李商隐仍然没有收到任何信件，他再也按耐不住了，李商隐想要打听点消息，以解相思之苦，便再去拜见李将军，却恰遇李将军全家去曲江游玩了。

《病中早访招国李十将军遇挈家游曲江》

十顷平波溢岸清，病来惟梦此中行。

相如未是真消渴，犹放沱江过锦城。

他这首诗实际上是抒发自己的相思以及对与王氏成婚的急切，李将军了解。

九月，与李商隐同年在曲江宴上议婚的韩瞻与王氏的姐姐事成，邀请了李商隐去参加婚宴，王茂元为新婿起朱楼，李商隐作诗送给韩瞻，诗中满满都是羡慕。

《韩同年新居饯韩西迎家室戏赠》

籍籍征西万户侯，新缘贵婿起朱楼。

一名我漫居先甲，千骑君翻在上头。

云路招邀回彩凤，天河迢递笑牵牛。

南朝禁脔无人近，瘦尽琼枝咏四愁。

王茂元与李德裕交好，被视为“李党”的成员，与李商隐恩师令狐楚的牛党对峙。正是这个原因，才致使李商隐的这桩婚事一拖再拖，王茂元几经斟酌，还是没有应允。

李商隐的恩师令狐楚，自号白云孺子，一位极其有个人魅力的牛党分子。令狐楚从小就能写文章，公元 791 年进士及第，深受唐德宗的喜爱，多次对他赞美不已。唐宪宗时，令狐楚入朝为翰林学士。元和十三年（818 年）十月，令狐楚为河阳节度使。开成元年（836 年）三月初三上巳节，唐文宗在曲江亭宴请百官。令狐楚觉得宰相等人刚刚含冤而死，不应在此时举行欢宴，于是独自称病不前往，受到议论者的称美。令狐楚厌恶宦官擅权，多次上疏请求解职。四月，令狐楚出任检校左仆射、兴元尹，充任山南西道节度使。令狐楚去世后，李商隐为其写祭文：圣有夫子，廉有伯夷。浮魂沈魄，公其与之。故山巍巍，玉谿在中。送公而归，一世蒿蓬。

也就是李商隐与王氏议婚的这个时候，他突然收到恩师令狐楚病逝的紧急信件。收到此消息的李商隐无心再考虑婚事，急急上路，赶往令狐楚所在的梁州奔丧。

李商隐为何有恩师令狐楚？他与牛党的渊源是什么？李商隐这位出生贫寒，理应秉承小地主阶级思想或者说理应倾向李党思想的才子，如何会拜令狐楚为师？

李商隐的生活与其诗作有较大的反差。李商隐的诗唯美婉转，而他的生活却贫穷苦难。贫穷和疾病一生都伴随着李商隐，从他儿时的贫穷到之后被政党打压，这些都与他唯美的诗句产生了极大的反差。

人之所以对世界抱有不同态度，是因为世界给予人之不同。这世界给予个人的，最初是出生的环境，有人含着金汤匙出生，一生锦衣玉食；有人却出身贫穷，日日担饥受冻。尽管后天的路都是自己选择自己行走，但这世界从来都不是公平的，儿时原生家庭的环境几乎影响着人的一生。

李商隐的儿时，犹如生存在小溪里的鱼，平稳的时间总是不长，时不时就有突如其来的激流。

公元 812 年（唐元和七年），获嘉县的县衙内，端着热水盆的下人不断进出主卧。卧床上一接生婆正在为年轻的夫人接生。这个年轻的夫人就是李商隐的母亲。此时，没有人知道这个小小的婴儿将是唐朝著名诗人，不知他会和杜牧合称“小李杜”，与李贺、李白合称“三李”，与温庭筠合称为“温李”，不知他将为后人留下约六百首优美的诗，且广为传诵。

李商隐的父亲李嗣此时就立于门外，他不能进卧室，只能在院子里焦急张望。

获嘉县不大，县衙也比较简陋，总共两进院子。外面的院子是接受百姓报官的大堂，再往里面就是县令的卧室了。现正值晚秋，院子里几棵树叶子已经先落了，秃着枝干。李嗣以前从不自站在院子里，如今看着这衰败的枯树，更加发愁起来。

李嗣曾任殿中侍御史，在李商隐出生这年成为获嘉（今河南获嘉县）县令。李嗣不满朝廷的调遣，不喜官场之风，本打算辞掉官职，自谋生计，但如今小儿出生，让其左右为难。

李商隐是李嗣第一个儿子。当李嗣终于抱得儿子在怀里，开心得大笑：“哈哈哈，我当爹了。”此时的李商隐还是一个不停啼哭的婴儿，只懂得哭与笑，无辜的双眼望着这个抱着他的人，不知这个人仕途坎坷，正在为难之中。李商隐的母亲在醒来之后，虚弱地劝李嗣道：“为将小儿安稳抚养成人，你且打消辞官的念头吧。”李嗣皱起眉头，让她好好歇息，对辞官一事没有回应，反而问她，该给孩子取个什么名字呢？

李嗣抱着小儿，联想到自己在官场上的不顺，不希望小儿再走自己这条路，望小儿不露锋芒，一生平稳。“就叫李商隐吧。”商是秋天，是李商隐出生的季节，隐就是希望李商隐能隐于险恶的世间，朴实低调，得一世安稳。

事实上李嗣并未改变要离开官场的想法，官场不顺，使之不快，即使再安稳，也不愿立于其中。因此，在李商隐还未学会走路，也就是李商隐二岁那年，李嗣还是决绝地辞了官，带着全家迁往浙江。此时李商隐的弟弟羲叟还不满周岁，两兄弟被乳母抱着由获嘉县赶往浙东。在此之前，李嗣收到浙江旧友的信函，邀请他去做幕僚帮旧友出谋划策，可给李嗣月俸及住所。

若是理想与现实可以一致，那是人生最佳的状态，但是大部分人在年少之时都需要在二者之中做出选择，李嗣的这一选择如今我们看来可能是错误的，但是在李嗣自己，也是用了极大的勇气。

李嗣一家初到浙江，过了几年安定祥和的日子。此时李嗣已不再为官，不用听命朝廷，自由自在，每月月俸虽不多，却刚好供家人生活，图个安稳自在。这几年，李嗣专心教李商隐读书认字。李商隐聪慧，悟性极高，“五岁诵经书，七年弄笔墨”就是他此时所得到的赞扬。

然好景不长，祸从天降。公元 823 年，李嗣卒于任上，这是李家之大变故。李商隐的母亲几度昏厥，想要追随而去。但每当母亲看到身后的一家老小还需要照顾，也只好勉强振作起来。李嗣不在了，待在浙东生活困难，于是母亲又带着全家老小迁回郑州。

没有收入的一大家子在郑州过着举步维艰的日子。李商隐的童年生活就是如此艰难。好在郑州有许多亲戚朋友，李商隐得以和一众兄弟随着十二房叔父李处士学习经书，学写文章。这位叔父学识渊博，曾任太学，后归隐在家，他是教李商隐写古论文的关键人物，正是因为受到叔父的影响，李商隐才会在很长一段时间里“善古文，不喜偶对。”“爱在童蒙，最承教诲……更思平昔之时，兼预生徒之列”，李商隐在《祭处士房叔父文》中如此写道。可见李商隐非常感谢叔父对他古文的指导，在李商隐穷苦之时帮助他的亲朋好友，李商隐一生都未曾忘记。

懂得感恩的人，生活也会报以恩怀。因此上天给了李商隐一身的才华，这一身才华拯救了李商隐的生活，也陷李商隐于权力的漩涡之中。

不管李商隐是如何的聪慧，眼下他必须担当起长子养家的责任，除了文笔，他没有别的一技之长，只好帮人抄书赚取一点家用。但这点收入还远远不够，他们仍然要靠着亲朋好友的接济，才勉强在郑州度过了三年守丧之期。丧期满了之后，母亲看实在难以继日，于是决定带着李商隐几个兄弟姐妹回到原籍怀州河内县，在那里还有几亩田，吃穿用度也比较节省，维持生计要比在郑州容易得多。

有了在叔父那里学习的基础，李商隐开始自己研究诗书，而抄书的经历也使李商隐写得一手好字，无人不夸。

此时的李商隐也不过是个孩童，邻里的孩子这个年纪还在嬉笑玩耍，躲在父母的羽翼之下，而李商隐连玩耍的时间也没有。每当抄书的任务完成，李商隐就又一头扎进诗书的海里，李商隐看书的时候，母亲让其他兄弟姐妹不要打扰，李商隐看得痴迷，不知昼夜，兴致来了就抄写下来，或者自己写一篇文章。

谁不希望度过一个天真无忧的童年，可这出生的环境又岂是我们可以自行选择的，既然被给了这样的环境，就只能去克服它，李商隐尽了最大的努力及责任才勉强支撑过去。童年的环境，对他一生的观点行为影响极大，他心中坚守的必定和寻常之人在乎的有所不同。

有时候和母亲兄弟走在街上，一些不懂事的小孩儿都会笑李商隐是书呆子，从不和他们一起玩耍，只知道自己待在家里。对这些笑声，李商隐当时装作没听见，却深深地刻在了脑海里，他渴望有朝一日出人头地，别人见到他和母亲不再是讥笑，而是羡慕。

每个人的性格都不是天生的，家庭环境，成长环境，教育环境，遇到的不同的人和事造就了每个独一无二的成年人。后世有几位著名学者明确地声称自己讨厌李商隐的人格，但他们是否经历过李商隐所经历过的艰难，尝过李商隐所吃过的苦头？李商隐这一生最有争议之事就是他总在两党之间徘徊，没有自己坚定的政治立场。然而，倘若是生存都有问题，谁还会去思考党派之争？经济基础决定上层建筑，从李商隐出生之时，他的政治命运就由不得自己。

正是因为非凡的才华，公元 824 年（唐长庆四年），李商隐得以“奇童”的称号拜见河南府尹令狐楚。自古就有因才华出众而被高官接见引荐的人才，政治场上也有“得人才者得天下”的说法，所以但凡有真本事的人就不怕不出名。当时，令狐楚来到河南不久，有人向其提起这小孩，说这小孩年纪轻轻不仅要养活一大家子，还自学研习诗书，颇有才华，这使令狐楚感到好奇，想见一番。这位令狐楚后来成了对李商隐一生有着极其重要影响的人物，不过此时，李商隐与令狐楚还只是一面之见，令狐楚对其谈吐啧啧称赞，但年纪尚小的李商隐并没有因此而成为令狐楚的好友。

令狐楚在政治上追随保守派头领李逢吉，李逢吉之后，又有同年进士出身的李宗闵、牛僧孺继承保守派的衣钵。令狐楚与他们结为朋党，相互勾结，相互利用，占据土地，攥取权力，史称“牛党”。牛党代表着大官僚大地主大商人的利益，与之相对的是李党，李党是由不经营商业的官僚地主和中小地主组成的政治联盟，以裴度所重用的前宰相李吉普之子李德裕为代表。

李商隐的思想以及出身，政治抱负皆与李党相同，然却与令狐楚有了联系，这是之后李商隐在仕途上不顺的极重要原因。

但若不是有令狐楚这位伯乐，李商隐能否进入仕途，都还是一个问题，这是命运对李商隐的一种提携也是一种捉弄。李商隐此时还不知这些，在 13 岁的他眼里，对令狐楚有着无限的畏惧与敬仰。

拜见过令狐楚之后，李商隐回家更加勤奋研习学术。唐朝诗风昌盛，李商隐在研习古文的同时，对写诗也有极其大的爱好。

他 14 岁就写过一首七绝。

《华清宫》

华清恩幸古无伦，

犹恐蛾眉不胜人。
未免被他褒女笑，
只教天子暂蒙尘。

与他后来的作品相比，这首少年时的七绝显得还很简单稚嫩，但对于14岁的少年来说，已然出手不凡。

在不断地写诗研习之中，李商隐的诗句与文章写得越来越熟练且足以引发深思。在十六岁那年，李商隐靠自学所获，著《才论》《圣论》，还写了一部推崇李党的《韩碑》，得到一些举荐，但未能得志。李商隐未去令府之前，专写古文，不写诗歌，这都是受他第一位恩师也就是他叔父的影响，他叔父老年归隐，正是对朝廷失望之举，而骈文广泛用于朝廷奏章，他叔父偏不习，这对李商隐最初的习文方向有所影响。

家庭生活的重担压在李商隐的肩膀上，虽然能写一手好文，从事的却仍然是代写信件、替人抄书等小买卖。日出时，他徒步前往洛阳集市，一路上寻找这天的生计，日落而归，偶尔在洛阳耽误了时间就借宿在从昆让山家中，在让山家认识了年少时的好伙伴柳枝，柳枝家在让山家隔壁，当时柳枝才八岁，不像其他小孩一样爱玩耍，特别喜欢跟着李商隐抄书读书，对读书写字很感兴趣，还经常会在李商隐离去时大哭不止。她大概是李商隐少年之时唯一的玩伴了，不过之后李商隐去学道又追随令狐楚做事，便再也没有机会去洛阳。

李商隐很珍惜这位儿时伙伴，但是他到洛阳不是来玩的，是要找活儿干的，若稍停歇一天，家中便要减少一顿饭，面对贫苦的日子，李商隐迫切想要改变。

在阶级划分明显的封建社会，要改变自己的穷困出身，比登天还要难。而李商隐，出身的环境恶劣不单体现在穷困上，还有年幼失去父亲的打击，肩扛全家生活的重担，学业上遇到的挫折。这一切造就了之后的李商隐，他的诗温情而隐忍，他的人坚韧而无奈，他在仕途里挣扎却又不得不顺从别人安排的命运。

唐朝以道教为国教，李商隐想到去学道以求进取，谋得职位，或能改变窘困境况。但眼下，这全家一日三餐如何解决，让李商隐左右为难。

想要去学习，就不得不背井离乡，然长子的责任在此，若是无法安排好家中生活，也是万万不得离开。

李商隐的母亲看到了李商隐的为难之处，一日，唤李商隐来，对其说："我儿心存志向，为母也盼儿有出息，家中生计，自可解决。"李商隐问："如何解决?"原来，李商隐的母亲早就知道这位儿子生来不凡，不能为家中所拖累，于是每日出门寻找，终于有一大户人家愿意让李母来厨房打杂，不管怎样，家中算是有一点收入了。

临行那天，李商隐跪在母亲面前告别，母亲身后，是一众瘦弱的兄弟姐妹。这一刻，李商隐眼中含泪，暗暗立誓，有朝一日要让家人过上宽裕的生活。

李商隐去了离家最近的玉阳，又要去王屋山学道，怀州与王屋山之间有一条河，这河叫玉溪，李商隐要去王屋山，就要经过这里。他经常独自往返，听着河水的哗哗声赶路，有时候早上走得早，路上一个人也没有，只有这条河伴着李商隐，渴了就去河边捧一口河水喝掉，热的时候在河里洗脚。去王屋山的时候，望着这条河，眼中盛满这段日子会学到什么的希望。回的时候，面对此河，渴望归家何其急切，他想着的是家中母亲兄弟姐妹是否安好，玉溪承载着李商隐太多的悲欢喜乐，为记此河此情，李商隐之后都以“玉溪生”自署。

在王屋学道的这段时光，李商隐极其自在快乐，以至于后来写了很多诗句追忆。在王屋学道之时，有永道士、刘道士为学伴，尊师清都刘先生。

道观清净敞亮，李商隐和同来学道的学伴们一起吃饭，一起学习。

18 岁这年，李商隐有诗写道：

《曼倩辞》

十八年来堕世间，

瑶池归梦碧桃闲。

如何汉殿穿针夜，

又向窗中觑阿环。

这首诗即是作于学道之时。

同年 3 月，令狐楚调任太平军节度使，召李商隐去帮他写文。

尽管当时李商隐所写《韩碑》的内容与令狐楚的政治思想截然不同，但令狐楚认为李商隐尚年幼，文采难得，政治方向还可慢慢栽培。

对李商隐来说，令狐楚的提拔他求之不得，迫切想要改变家境的李商隐心想，能得到这样一位大人物赏识，就意味着日后可以得到一个稳定的官职，得到一份稳定的收入，这样家里就会好过很多。他并没有考虑很多，当一个人需要为一家子负责，当一个人每天思虑的是如何吃饱饭穿暖衣，他的思想以及意识形态就无法战胜对谋生对生活最基本的需求。李商隐要的，不过是一家人的温饱而已。

这是人的本能，李商隐不止是为了自己而活，他的身后有穷困的母亲，穷困的兄弟姐妹，他必须生存下去，必须有一定的收入，让生活稳定，让家人有依靠。因此他更加勤奋刻苦。

初到令府，李商隐就迫切想要表现自己，他把自己写过的文章呈上去给令狐楚看，虽然令狐楚欣赏李商隐一些独到的见解，但也总是对其摇头，这让李商隐困惑不已。

在追随令狐楚之前，李商隐善于写论述文章，不写骈文，但骈文是唐朝官员公文的文体，若要入仕途，骈文肯定需要用到。令狐楚不仅擅长写骈文，还是骈文诗的专家，他希望李商隐也学会，从而更好地帮助他批写公文。于是他开始专心教李商隐写骈文诗。

为了让李商隐有更快的改变以及养成良好的习惯，他让李商隐和他儿子一起学习，穿一样的衣服，享受一样的待遇。

为了不让李商隐担忧家中老小，令狐楚每月资助李商隐家庭生活，把李商隐当作自己的半个亲生儿子一般。他倾其所学教育李商隐，李商隐聪慧勤奋学来也快，进步神速。

令狐楚对年幼的李商隐体贴备至，他欣赏李商隐的才智，喜欢李商隐的勤奋，但令狐楚的这种提拔也不是完全无私的，他希望培养一位人才，并使其衷心追随牛党，令狐楚离世之后还可襄助令狐楚的儿子令狐绹。有这种想法也是人之常情，是不难理解的。

令狐楚在世的时候，李商隐从未想过自己会离开令府，他指望着有朝一日依靠令狐楚获得一个稳定的职位，好养活家人。

每当有宾客到访，令狐楚甚至先介绍李商隐后介绍自己的儿子。每当令狐楚读到好诗，都会拿来和李商隐一起欣赏，只有李商隐的见解独到，能与之争辩个不相上下。

有时令狐楚望着与自己年纪相差颇多的李商隐，不似长辈和晚辈，更像是知己好友。

在李商隐的诗中，是这样形容令狐楚对其教诲的。

《谢书》

微意何曾有一毫，空携笔墨奉龙韬。

自蒙半夜传衣后，不羡王祥得佩刀。

诗中可见李商隐对令狐楚之感恩，能得到令狐楚的教导，他不羡王祥得佩刀。

“王祥得佩刀”是魏晋时期的一个典故。王祥是曹魏至西晋时期的一个大臣，据说当时一个名叫吕虔的大臣得到一把宝刀，高人看过之后说携此刀者可拥三公之位。吕虔认为自己的命格不够厚重，不配拥有这把刀，便把刀送给了他心中能担此宝刀的王祥。王祥得到这把刀后，果然步步高升。

可见在李商隐的心中，令狐楚有多重要。

在令狐楚的庇护之下，李商隐初入官场，结识了不少官宦朋友，也是在令狐楚的举荐、提议和帮助之下，公元 831 年（唐太和五年），李商隐就准备参加科举考试。

李商隐第一次考试是通过令狐楚的关系直接去参加明经科考试，但此次题目很难，不是李商隐所擅长的，没能考上。

和其一道考试的令狐绹倒是中了进士，不过令狐绹学识不如李商隐，大概是因为他父亲的关系，官官相护，因此才成功考中。

次年，令狐楚调任太原节度使，李商隐要二度参加进士科考试，没能追随令狐楚而去。想考进士科要先通过地方级别的考试，再去京师参加礼部考试，李商隐先通过了府试，然后就得以和其他举子一起前往京师。

在从怀州前往京师途中，过洛水，作一诗。

《袜》

尝闻宓妃袜，渡水欲生尘。

好借常娥著，清秋踏月轮。

李商隐以嫦娥自喻，希望自己科举考试顺利折桂。

然此次考试最终未遂心意，李商隐科举落第。令狐楚闻此消息，马上书信给李商隐，让李商隐去太原入令狐楚幕，李商隐收到信即日启程前往太原。

同年六月，令狐楚调入京师，李商隐没有了依靠，又从太原回到怀州，途经王屋玉阳，写一诗赠予曾一起学道的同学。

《东还》

自有仙才自不知，十年长梦采华芝。

秋风动地黄云暮，归去嵩阳寻旧师。

此诗表达了令狐楚入朝廷之后，李商隐无依无靠的失落感，好在令狐楚为李商隐作介绍，又先后让李商隐去往郑州华州入幕，有令狐楚的介绍，幕主都待李商隐不薄。

公元835年（唐朝太和九年）正月，李商隐再次落第，一身才情却屡遭挫折，没有令狐楚帮助的李商隐就像失去了翅膀的鹰，无法翱翔。不过在科举这件事情上，李商隐看得很淡然，淡然是失败的时候不哭天喊地，是败而不馁，每年都有机会，明年再来就是了。

正是归功于这种坚持，李商隐终于在公元837年（唐朝开成二年）的正月在长安登进士第，不过这肯定还是离不开令狐家族的帮助。

三月中旬，令狐楚家中牡丹盛开，李商隐前往观赏，写一诗。

《牡丹》

锦帏初卷卫夫人，绣被犹堆越鄂君。

垂手乱翻雕玉佩，招腰争舞郁金裙。

石家蜡烛何曾剪，荀令香炉可待熏。

我是梦中传彩笔，欲书花叶寄朝云。

对于牡丹之景，牡丹之美，诗中比喻精妙，用卫夫人、越鄂君的姿态，用垂手乱翻、招摇争舞来描写牡丹一朵朵一簇簇。在李商隐眼中，无论是眼前的牡丹还是被拿来比喻牡丹的形象，都已经超脱了原来的样子，眼前的事物早就没有了形状，她们相通的是灵魂。眼前有物如无物，无物如有物，李商隐是个诗人，但也可以说是一位伟大的哲学家了！任何事物的联系都被李商隐发掘，被他信手拈来写进诗里比喻自己比喻其他的事物，这些精妙的文字不正是哲学思想的体现吗？可见每位诗人都是一位哲学家、政治家。爱情也是一门哲学，爱情之中的分分合合，爱情之中不同而相似的快乐悲伤，正是李商隐许多感情诗的精华。令狐楚家中牡丹之繁盛，让李商隐难以忘怀，令狐楚去世之后，李商隐离开令府，但还经常用牡丹繁盛处来比喻当年在令狐楚府的日子。

在长安游玩时，经过唐玄宗的望贤宫，李商隐写诗讥讽宫廷之寻欢作乐。

《思贤顿》

内殿张弦管，中原绝鼓鼙。

舞成青海马，斗杀汝南鸡。

不见华胥梦，空闻下蔡迷。

宸襟他日泪，薄暮望贤西。

白居易也曾纠心唐玄宗与杨玉环之情，作长恨歌，对于历史，诗人都有自己的见解。

后李商隐经过马嵬，又写一诗指责唐玄宗把自己误国的责任推卸给女流之辈。

《马嵬二首》

冀马燕犀动地来，自埋红粉自成灰。

君王若道能倾国，玉辇何由过马嵬。

海外徒闻更九州，他生未卜此生休。

空闻虎旅传宵柝，无复鸡人报晓筹。

此日六军同驻马，当时七夕笑牵牛。

如何四纪为天子，不及卢家有莫愁。

李商隐写历史事迹，将历史写得如明镜，鉴以自知，对历史的看法就是李商隐对朝廷对事物的看法，是处世之道理。

可也就在与王氏议婚这年 11 月，还未帮李商隐安顿好官职的令狐楚突然因病离世。令狐楚离世的消息从梁州传来，李商隐听闻之后，悲恸大哭，这对李商隐又是一次不小的打击，年幼丧父让李商隐的生活无依无靠，如今仕途未进又失去政治场上最重要的恩师，李商隐再也无心考虑自己的婚事，立即从长安奔往令狐楚所在的梁州吊唁。

第五卷　二月李郎得意初

令狐楚离世，与王氏离别，在此浑浑噩噩之中，李商隐度过了一个月，十二月时由梁州回秦，行次西郊，写一长篇政治古文。

《行次西郊作一百韵》

蛇年建午月，我自梁还秦。
南下大散岭，北济渭之滨。
草木半舒坼，不类冰雪晨。
又若夏苦热，燋卷无芳津。
高田长槲枥，下田长荆榛。
农具弃道旁，饥牛死空墩。
依依过村落，十室无一存。
存者皆面啼，无衣可迎宾。
始若畏人问，及门还具陈。
右辅田畴薄，斯民常苦贫。
伊昔称乐土，所赖牧伯仁。
官清若冰玉，吏善如六亲。

生儿不远征，生女事四邻。
浊酒盈瓦缶，烂谷堆荆囷。
健儿庇旁妇，衰翁舐童孙。
况自贞观后，命官多儒臣。
例以贤牧伯，征入司陶钧。
降及开元中，奸邪挠经纶。
晋公忌此事，多录边将勋。
因令猛毅辈，杂牧升平民。
中原遂多故，除授非至尊。
或出幸臣辈，或由帝戚恩。
中原困屠解，奴隶厌肥豚。
皇子弃不乳，椒房抱羌浑。
重赐竭中国，强兵临北边。
控弦二十万，长臂皆如猿。
皇都三千里，来往同雕鸢。
五里一换马，十里一开筵。
指顾动白日，暖热回苍旻。
公卿辱嘲叱，唾弃如粪丸。
大朝会万方，天子正临轩。
彩旂转初旭，玉座当祥烟。
金障既特设，珠帘亦高褰。
捋须蹇不顾，坐在御榻前。

忤者死艰屦，附之升顶颠。
华侈矜递炫，豪俊相并吞。
因失生惠养，渐见征求频。
奚寇东北来，挥霍如天翻。
是时正忘战，重兵多在边。
列城绕长河，平明插旗幡。
但闻虏骑入，不见汉兵屯。
大妇抱儿哭，小妇攀车轓。
生小太平年，不识夜闭门。
少壮尽点行，疲老守空村。
生分作死誓，挥泪连秋云。
廷臣例獐怯，诸将如羸奔。
为贼扫上阳，捉人送潼关。
玉辇望南斗，未知何日旋。
诚知开辟久，遘此云雷屯。
逆者问鼎大，存者要高官。
抢攘互间谍，孰辨枭与鸾？
千马无返辔，万车无还辕。
城空鸟雀死，人去豺狼喧。
南资竭吴越，西费失河源。
因令左藏库，摧毁惟空垣。
如人当一身，有左无右边。

筋体半痿痹，肘腋生臊膻。
列圣蒙此耻，含怀不能宣。
谋臣拱手立，相戒无敢先。
万国困杼轴，内库无金钱。
健儿立霜雪，腹歉衣裳单。
馈饷多过时，高估铜与铅。
山东望河北，爨烟犹相联。
朝廷不暇给，辛苦无半年。
行人榷行资，居者税屋椽。
中间遂作梗，狼藉用戈鋋。
临门送节制，以锡通天班。
破者以族灭，存者尚迁延。
礼数异君父，羁縻如羌零。
直求输赤诚，所望大体全。
巍巍政事堂，宰相厌八珍。
敢问下执事，今谁掌其权？
疮疽几十载，不敢抉其根。
国蹙赋更重，人稀役弥繁。
近年牛医儿，城社更扳援。
盲目把大旆，处此京西藩。
乐祸忘怨敌，树党多狂狷。
生为人所惮，死非人所怜。

快刀断其头，列若猪牛悬。
凤翔三百里，兵马如黄巾。
夜半军牒来，屯兵万五千。
乡里骇供亿，老少相扳牵。
儿孙生未孩，弃之无惨颜。
不复议所适，但欲死山间。
尔来又三岁，甘泽不及春。
盗贼亭午起，问谁多穷民。
节使杀亭吏，捕之恐无因。
咫尺不相见，旱久多黄尘。
官健腰佩弓，自言为官巡。
常恐值荒迥，此辈还射人。
愧客问本末，愿客无因循。
郿坞抵陈仓，此地忌黄昏。
我听此言罢，冤愤如相焚。
昔闻举一会，群盗为之奔。
又闻理与乱，系人不系天。
我愿为此事，君前剖心肝。
叩头出鲜血，滂沱污紫宸。
九重黯已隔，涕泗空沾唇。
使典作尚书，厮养为将军。
慎勿道此言，此言未忍闻！

西郊是长安的西郊，李商隐是从梁州回京途中写下的这两百句诗。全诗篇幅极大，李商隐一气呵成，他直言社会现状，由历史发展写到现实情况，从而抒发自己的治国见解，颇有气势。用李商隐心中的愤慨灌注的每一字每一句都掷地有声。

至于为何李商隐会写此长篇诗表达自己对历史与现状的看法，或许是因为此时令狐楚的离世给了他很大的冲击，也或许是因为令狐楚的离世才让他得以直抒己见，用诗的方式来倾诉自己的悲痛，诗就像他的泪，诗之磅礴也就是悲之深切。

痛快地写完巨篇之诗，这种悲痛就与他写锦瑟诗时完全不同了，同样都有李商隐的情绪，但锦瑟是隐忍着的折磨，而此诗乃是大汗淋漓之发泄。

令狐楚享年七十三岁，已是高龄，这一天迟早会来。

回到长安之后，李商隐便还是为自己及第与婚事而操心了。这两件皆为人生大事，但对李商隐来说，能做的只有等待。及第的日子还没到，婚事还未得到未来丈人的同意，在长安等候的日子甚是难熬。度日如年中，李商隐还是想要做点什么，为了给王茂元一个好印象，李商隐为王茂元代拟《上杨相公状》。实际上，早在九月，他就为王茂元书《贺丁学士启》，王茂元是欣赏他的才情的，如果不是因为李商隐的出身，早就同意了这门婚事。王茂元的心思是复杂的，他知道李商隐与女儿之间真心相爱，李商隐也是一位不错的女婿，可若是答应了这门婚事，不只是他自己在朝堂之上的地位会动摇，就连他的朋友都有可能会因为政党原因而与他反目，他不能草率决定这样的一门婚事，身在朝廷，迫不得已，女儿的幸福很重要，但更重要的是家人的安危，政治上的选择牵一发而动全身，万一惹恼了双方阵营，危害波及之大，他也无法想象，朝中才子众多，又何苦要把女儿许配给这样一个敏感之人。所以说王茂元的考虑也是情理之中，不过再深思熟虑，再多曲折也没有拗得过李商隐的坚持，他通过多位好友传达自己对王氏的爱慕，对婚事的坚定，他不停地写诗拟表，终于在公元838年（唐朝开成三年）的年初，王茂元被打动了，解开了芥蒂，对这门亲事有了回应，便是应允！婚事有了转机，这多亏了朋友们的帮忙，李商隐一身才情得以施展在王茂元的眼下，让王茂元极其欣赏，同时他也感受到了李商隐对其女爱慕之真诚，好感倍增。当然令狐楚离世这件事情也让王茂元认为李商隐与牛党之间的联系会淡化下去，所以最终同意了李商隐与王氏的婚事。

此时李商隐中进士但还未能得到官职，极其忙碌，他想把婚事早日定下来。于是开成三年二月，二人便在李将军家里简单办了婚礼，李商隐允诺王氏，待官职批下，马上修建府衙，给王氏一生安稳。

婚期是王茂元所定，婚事基本上也是王茂元一手操办。

王茂元没有再为新婿起重楼，但他把李将军家的阁楼借来了，将军府本就宽敞，后院里的一处小阁楼，尤其别致。王茂元早就喜欢那里，这次终于可以堂而皇之地索要了。李将军也算是这桩婚事的半个媒人，他又极其疼爱王氏，把自己家空置的阁楼赠予这对新人做新房，李将军是非常乐意的。这阁楼虽然空置多年，但被将军家仆人打扫得和新房不差，阁楼外就是后花园，花圃里各种花草郁郁葱葱，让人看了就觉得喜庆蓬勃。而李将军家中的场地，厨子都是城里数一数二的，招待新婚客人也是再合适不过了。

李将军对李商隐的人生大事给了如此大的帮助，李商隐铭记于心，大恩不言谢，日后有机会必定报答。所以这之后李商隐搬家出去，还经常挂念这里，常常过来探望李将军一家，将军府就宛如王氏的另外一个娘家。

李商隐的母亲早早就赶了过来，为婚礼做准备。

李商隐家境清寒，但李商隐的母亲购置了金银首饰赠予王氏。在这之前，李商隐从未见过自己家中有如此贵重的物品，也从未见过母亲如此激动，即使当年燕台经常出入李商隐家，俨然是李商隐的妻子模样，李母也没有如此喜悦过。李商隐的母亲对李商隐说："我们家家境贫寒，能娶到王氏，是我们家的福气，不能亏待了你这么好的新媳妇。"

李商隐的母亲又说："这是你的大喜日子，你如今终于成家立业，望你以后能安稳地过一生，这样我和你父亲都放心了。"

李商隐望着苍老的母亲，感激涕零。

第二日，李商隐随着迎亲队伍去李将军家把王氏接到了阁楼，亲朋好友们齐聚在阁楼。在亲朋好友的见证下，李商隐和王氏拜了高堂，拜了天地，从此便是一家人了。

这是李商隐的第三段恋爱，总算修成了正果。李商隐一脸甜蜜地看着身边娇俏温柔的王氏，心中默默感恩上天赐予的幸福。

一切都水到渠成，尘埃落定，李商隐沉重的心情豁然开朗，开始对未来的生活充满信心。

新婚第二日，李商隐早早就起了床，精神抖擞地在书房写字。过了一会儿，王氏走了过来，看李商隐正在写一首诗。

《漫成》

雾夕咏芙蕖，何郎得意初。

此时谁最赏，沈范两尚书。

李商隐一边写，王氏便一边念，念道：何郎得意初……王氏就没念了，她知道李商隐是在写他们的新婚呢。

她转而对李商隐说："你……起得好早。"

李商隐说："睡得还好么？……你可以多睡会儿的。"

"嗯……"刚刚在一起的俩人还没有适应婚姻生活，但因为彼此相爱，无论说了什么话，都觉得是甜的。

婚事过后，王氏要按习俗回泾原，得意郎李商隐便一门心思扑在及第之中。

李商隐考取了功名之后娶王氏这个事情，令狐家从未同意过，直到他和王氏举办了婚礼，都没有收到过令狐家的任何祝福，令狐楚去世后，令狐楚的儿子令狐绹掌家，李商隐寄送的请柬他不可能没有收到。

李商隐为此还很疑惑。

为何令狐绹一点表示也没有？令狐绹对这桩婚事怎么可能祝福呢，这样的婚事不仅令狐绹一个人心生芥蒂，整个令狐家族牛党分子都无法理解，甚至愤恨，唾弃李商隐为背信弃义之徒。当年李商隐考取功名，牛党内的人是帮了忙的。如今李商隐刚刚中了进士就去娶敌党之女，令狐绹认为李商隐是因为令狐楚去世，才转而投靠了敌党，他为父亲不值，为自己不值，为所有帮助过李商隐的牛党人士而不值，令狐楚把李商隐当作半个儿子，谁知令狐楚去世不久，李商隐就换了一张脸色，站到了对立的位置，和白眼狼有何区别？

令狐楚是一位识人惜人之伯乐，但不代表其子令狐绹也是，令狐绹实际上在年少时期就嫉妒其父对李商隐的过分偏爱，如今令狐楚刚刚离世，李商隐就娶敌党分子之女，这样的背叛，令狐绹岂能容忍？

于是令狐绹上书一封，斥李商隐是背信弃义的不堪之徒，令狐绹在朝中势力非小，以至于这样一份上书就使得李商隐在复审时直接被除名，未得半分官职。

这是李商隐受政党所迫害第一事，王氏闻听此事，为夫君深感不平，立即禀告父亲，想要父亲帮忙，可是王茂元考虑到如今的朝局，认为李商隐不及第并不算最坏的结果，王茂元对李商隐的未来自有打算，以王茂元的能力，想要为李商隐安排一份职位还是小事。

李商隐为不让王氏过度担心，带信给王氏，信中是一首诗。

《无题》

照梁初有情，出水旧知名。

裙衩芙蓉小，钗茸翡翠轻。

锦长书郑重，眉细恨分明

莫近弹棋局，中心最不平。

李商隐劝王氏不要担心他的事情，一切他自有打算。

李商隐在王氏面前把这次事件说得云淡风轻，但事实上他对自己被谗言佞语所害，心中极其愤恨不平，只是他再愤怒也不会对王氏说起这些事情，对妻子，他只希望让她的世界里留存美好与善良，关于政治场上的黑暗，人心的复杂，社会的残酷，他不会对妻子说，王茂元也不会对王氏说这些。为抒发自己的不满，发泄情绪，李商隐只能默默地写诗了，此为漫成诗之二。

《漫成》
沈约怜何逊，
延年毁谢庄。
清新俱有得，
名誉底相伤？

没能及第，李商隐只好按照王氏的建议也去泾原。在与王氏的书信之中，李商隐安慰王氏不要为他的事情担心，他说自己对官职并不强求，没有官职更好，落得个清闲自在。李商隐口头上是这样说，然而在去往泾原之后一日登楼望远时有感而发，诗中字字都是对牛党的怨恨不满，以及对自己没能得到官职的遗憾和难过。

《安定城楼》
迢递高城百尺楼，绿杨枝外尽汀洲。
贾生年少虚垂涕，王粲春来更远游。
永忆江湖归白发，欲回天地入扁舟。
不知腐鼠成滋味，猜意鹓雏竟未休！

李商隐因政党迫害而未能及第，实际上在他心中产生了较大的波折，李商隐还未真正进入官场，还不知政治之中的腐朽，他一腔热血，想以自己的非凡才情为国效力，谁知竟会遇此不公，在李商隐的心中，甚至没有政党之分，在他的心中，只有臣主之分，哪还想到过臣之党派之分？或者说即使朝廷之中各执己见，各拥不同治国之方，李商隐也未曾想过这其中利害竟然会迁移在自己的身上，影响到自己的入仕。

李商隐真心爱慕王氏，可在他人眼中，他追求王氏竟然是他攀附王家势力的手段，李商隐斥责污蔑他的小人："不知腐鼠成滋味，猜意鹓雏竟未休！"

到达泾原已是开成三年的三月末，牡丹盛开，却在四月被一场春雨所败，李商隐看此景象，又联想到了自己。

《回中牡丹为雨所败》

浪笑榴花不及春，先期零落更愁人。

玉盘迸泪伤心数，锦瑟惊弦破梦频。

万里重阴非旧圃，一年生意属流尘。

前溪舞罢君回顾，并觉今朝粉态新。

他往日曾笑榴花开不及春，榴不及春是说石榴花开得晚，比喻某些人的官位低。可现在眼前这盛开的牡丹，开得早有什么用，还是被一场雨淋得七零八落，比石榴花还惨，看牡丹联想到自己，早早考取了进士又如何，竟受迫害无法及第。

“万里重阴非旧圃，一年生意属流尘。”万里重阴与旧圃不同，这里的旧圃是指李商隐少时所居的令狐家，令狐家曾种满牡丹花，如今在泾原是和过去完全隔离了。

尽管仕途不顺，好在李商隐终得佳人，新婚燕尔，在王氏陪伴之下，李商隐心情渐渐不再落寞，在泾原与王氏度过了欢愉开心的日子。春日里牡丹花开，李商隐和王氏去赏花，花美人也美，王氏让李商隐忘记了忧愁，在这期间李商隐的诗句也呈不同气象，同样的牡丹可以带着忧愁，也可以带着欢欣，这一切都取决于赏花人的心境。

《牡丹》

压径复缘沟，当窗又映楼。

终销一国破，不啻万金求。

鸾凤戏三岛，神仙居十洲。

应怜萱草淡，却得号忘忧。

李商隐以牡丹比喻王氏之美貌，且王氏得之不易，“应怜萱草淡，却得号忘忧。”让人忘忧。

李商隐在泾原为王茂元做幕僚，王茂元极其照顾这位有才的女婿。李商隐工作之余又有贴心的王氏相伴，这段日子过得非常愉快。

《蝶》

飞来绣户阴，穿过画楼深。

重傅秦台粉，轻涂汉殿金。
相兼惟柳絮，所得是花心。
可要凌孤客，邀为子夜吟。

李商隐再次解释自己对王氏的感情并非他人所说的贪图王氏家中的势力，而是真心喜欢王氏。

古来所讲门当户对，是指谈论婚姻之中的男女双方的经济条件，社会地位应该互相匹配，互相对等，阶级阶层不能随便僭越。但古往今来，规矩很多，破坏规矩之人更多，特别是人的感情，本来就并非是理性的，无法完全地受礼教约束。很多时候，男女一旦产生感情往往都是一发而不可收，因此也经常会超越这种生硬的界限，两情相悦，虽为他人所不解，但只有感情之中的双方能够了解，能够感受到。

唐朝是一个开明的朝代，因此也频频产生一些千古流传的爱情故事，女性的地位相对来说并不算低，在这个朝代嫁给自己喜欢的人，或者改嫁都是极其普遍的事情。

李商隐和王氏两情相悦再平常不过，只是牛党分子借题发挥罢了。

李商隐不是一位特别在意他人看法的人，但身在仕途之中，已有丢官职的前车之鉴，因此每一步都小心翼翼，不想再有人误解他。于是他把他想说的都写进了诗，这份感情明明纯粹美好，却被世人亵渎为李商隐攀附王家的地位。李商隐在和王氏结婚初期写的许多诗中，掺杂了许多对世人的解释，他一遍又一遍地诉说自己对王氏感情之真挚，无半点不轨想法。他渴望世人了解他的真诚，还他的清白，但世人哪里会管这些，许多人活在世上都是在看他人的生活，喝茶之时，闲聊之间，若是人人都过得顺当，无笑料无闲话可讲，这些看官该是会无聊至极了。所以他们挖空了心思去丑化他人的生活，以勾画一出与平淡生活相异的戏，这比去茶馆听京剧更刺激了，人人都可以参与进去，甚至还能在现实生活中看到戏中的角，没扑粉，没着装，赤裸裸地给人看给人笑。

这些解释又有何用，根本无法改变当时朝廷之人对李商隐的看法，只是在如今看来多了几分对李商隐无辜的怜惜罢了。

朝廷中人，都是步步为营，步步惊险，以至于每个人都走得小心翼翼，对任何事情都抱有怀疑与谨慎的态度，宁可相信世人皆坏，也不会认为这之中可能有几位善良之人，也更有随大流之心，不愿意冒尖，免得被打压，因此往往抱团取暖，年幼的李商隐还不知其利害，天真地对牛党李党高层皆抱畏惧敬仰之心，殊不知，朝廷比战场更加阴险可怕，说错一句话都可能丢掉性命，更何况李商隐出自牛党，却娶李党之妻？令狐绹斥他背信弃义还只是第一步而已，李商隐后面的路更加坎坷，更多的不公正等着这位天真才子。

第六卷　得失在当年

开成四年春季，李商隐再试于吏部，得官职：秘书省校书郎。秘书省就是翰林初级。

唐玄宗时，翰林学士成为皇帝心腹，常常能升为宰相。于翰林院之外别建学士院，选有文学才能的朝官充任翰林学士、入值内廷，批答表疏，应和文章，随时宣召撰拟文字。德宗以后，时事多艰，翰林学士成为皇帝最亲近的顾问兼秘书官，经常值宿禁中，承命撰草任免将帅、册立太子、宣布征伐或大赦等重要文告，有“内相”之称。其加知制诰衔者即等于暂代中书舍人，因之，充学士者若能成为中书舍人，今后就有可能升任宰相。

李白做过最大的官是翰林待诏，六品。

白居易于贞元二十六年（公元 800 年）先后任秘书省校书郎、盩至尉、翰林学士。

可见这个官职就是为文人所专设，为文人之理想官职，是李商隐的至高理想，他非常满意。然而仕途怎么可能轻饶了李商隐，这位介于各党之间的尴尬才子。

在此位置一月未足，就忽然被调离秘书省，这调遣又是令狐绹势力所为。

李商隐还未真正涉足朝廷，就连续被打压两次，且这第二次打压更甚，好不容易得到一理想位置，还没来得及安置好，就被撤走，让李商隐愤慨不已。

一个诗人愤慨之时还能做什么，他不是武夫，可以拿着刀去找令狐绹讨个说法，更何况这调遣虽是牛党分子所为，他们却不会亲自出面，只在上层做决定时煽风点火，推波助澜，便能改变上层的任命，这让李商隐有苦说不出，只能写诗抒发情绪，一首《蝶》就是此时所作。李商隐的诗大多都是无题诗，或是随意拿出点什么当作题目，只在乎内容，不在乎名目，就如同他的人生，一步步踏实地走，未特意追求过名利与荣耀。

《蝶》

初来小苑中，稍与琐闱通。

远恐芳尘断，轻忧艳雪融。

只知防皓露，不觉逆尖风。

回首双飞燕，乘时入绮栊。

李商隐刚刚步入朝廷来到秘书省，本就很惶恐，再如何小心，还是防不胜防，被奸人所害，调去担任弘农尉。

弘农尉就是弘农县的县尉，县尉从九品上阶，低于校书郎之正九品上阶，做为民做主、申冤抓贼之事，与之前的秘书省这类适合才子之事完全不可相比，李白、白居易也都是先做了一些小官职才得以进入翰林院，然而李商隐先进翰林院，再被拉下来，这与他之前所写的榴不及春是完全吻合了。牡丹开得早被摧毁还不如榴花开得晚，总不至于被迫害。

开成四年冬季，李商隐与王氏已有一年未见，李商隐去往泾原接王氏来弘农，十一月中旬至扶风界，见梅花早开，他又想起自己被迫害的伤心事。

《十一月中旬至扶风界见梅花》

匝路亭亭艳，非时裛裛香。

素娥惟与月，青女不饶霜。

赠远虚盈手，伤离适断肠。

为谁成早秀，不待作年芳。

梅花开满了路边，亭亭而立，花容艳丽，未到时节就开放了，散发着浓郁的芳香。这里的梅花就如同之前的榴花与牡丹，梅花是李商隐自喻，早开之梅，早开之牡丹，李党为其所谋事，得秘书省的职位又被撤下。“惟与月”只有妻子还相伴左右，“青女不饶霜”表达了李商隐对牛党的愤恨。与妻子长久分别，伤离别，手中空握满把的梅花，却不知寄往何方，与梅花伤心离别的时候又恰好碰上令人悲愤欲绝之事。追忆令狐楚对李商隐的提携之恩，为谁成早秀？是谁让梅花早开？是令狐楚让李商隐早早成事？如今李商隐又被其子令狐绹所迫害，不待作年芳，然而令狐楚，令狐绹都是一家人，因此李商隐问了一句：为谁成早秀？不知该如何区分这恩与恨。

《晓坐》意境相似，李商隐用物喻人，以景托情，极致流畅，极其自然，这之中的联系于无形之中，又浮于现实之上，隐晦但又深刻。读完李商隐的诗，才知文学之精妙在于把天地间的一切拈于手笔，眼前什么景，笔下什么情，冥冥之中都在等候李商隐的安排。

《晓坐》
后阁罢朝眠，前墀思黯然。
梅应未假雪，柳自不胜烟。
泪续浅深绠，肠危高下弦。
红颜无定所，得失在当年。

“梅应未假雪，柳自不胜烟。”写梅，写雪，写柳树，写烟，李商隐都是在写他自己。梅未假雪，他与王氏成婚不是为了假王家之势力，梅花自开，感情是从心底自然而生，一切都是自然而成，无任何其他目的。柳自不胜烟，无论缥缈或是自由，柳絮纷飞不及烟袅袅，而李商隐就如同不胜烟的柳树，身单力薄不是牛党的对手：及第之路第一回，复试被除名；及第之路第二回，被撤秘书省职位，皆起自于和王氏的婚事。婚事有得有失，既然得佳人，得美满婚姻，失去的又算什么？

既有美满的婚姻，那李商隐痛苦的原因是什么呢？李商隐深思而不得其解的不在于失去的官职，而是认为自己未做任何对不起他人之事，为何在他人心中，自己却是一位忘恩负义、攀炎附势之人？

李党牛党之争，李商隐是一位牺牲者，李商隐一再为自己的冤屈申辩，却因为位低声小而不被听到。为何朝堂中人会这样诋毁李商隐呢？他们是否真的了解他？并没有！他们大多是受令狐绹的唆使，而这一切皆因李商隐身怀不凡的才华。若李商隐乃一碌碌无为、身无半点本事之人，无论是李党还是牛党，自然不把他放在眼里，也不会迫害他。令狐绹对李商隐的痛恨表面上是斥责李商隐背信弃义，实则是嫉恨李商隐的才华，害怕李商隐一旦有很高的位置，就会超越他令狐绹成为翘楚，所以令狐绹要在自己能力远高于李商隐时把他的光辉扼杀于摇篮之中。

春来冬去，李商隐在弘农远看两党之争，心生感慨。

《日日》

日日春光斗日光，山城斜路杏花香。

几时心绪浑无事，得及游丝百尺长。

春光斗日光，是比喻李党与牛党之间的争斗。两党之争如今离李商隐甚远，在弘农看山景，几丝心绪飘动。

弘农这个县尉是个闲职，无事的时候李商隐便日日去游山玩水，但是每当游累了倦了停歇了还是非常怀念京城的繁华。

《流莺》

流莺飘荡复参差，度陌临流不自持。

巧啭岂能本无意？良辰未必有佳期。

风朝露夜阴晴里，万户千门开闭时。

曾苦伤春不忍听，凤城何处有花枝？

李商隐怀念京城，且对自己调回京城满怀期待。唐朝有官制，每年五月可请调，在位表现良好有人举荐者即可申请改任其他官职，于是这年五月李商隐便奔赴长安请调，恰好这年王茂元也调回京城做官，李商隐举家迁往长安城南郊之樊南，这是李商隐和王氏在一起住最久的地方，这个郊区小院容纳了李商隐这一生最多的欢声笑语，李商隐对这个地方有很深的感情，他“樊南生”的称号就是此由来。

李商隐的这次请调是否会顺利，以令狐绹的嫉恨之心，肯定不会就放过李商隐，但朝局有变，朝廷动荡，正是各党派互相拉拢时期，说不定令狐绹对李商隐的态度会有所转变。开成五年初，文宗病重，随后武宗继位，李党之首李德裕被重用，升为宰相，因此李党局势大好。令狐绹果然一改往日脸色，有意拉拢李商隐投靠牛党做事，李商隐正确的选择当然是远离如今不得势的牛党，且离得越远越好，然而李商隐怎么懂得趋利避害？他怎么会管如今朝中形势？他只知以往对他有所误解的恩师之子，如今向他投来了橄榄枝，难道令狐绹终于明白李商隐不是忘恩负义之人？难道令狐绹终于知道他娶王氏是为爱情而非其他，显然不是，但李商隐认为是，于是，李商隐做了个很反常的决定，重投牛党。

夹在两党之间的李商隐左右摇摆，最终在双方那里都没有落个好名声，牛党李党对他的选择都非常鄙夷，在这样尴尬的境地之下，李商隐写下《代越公房妓嘲徐公主》以及《代贵公主》二诗表达心境：

笑啼俱不敢，几欲是吞声。遽遣离琴怨，都由半镜明。

应防啼与笑，微露浅深情。

芳条得意红，飘落忽西东。分逐春风去，风回得故丛。
明朝金井露，始看忆春风。

笑也不是哭也不是，只能忍气吞声，李商隐在两党之间就是如此的为难，最后他认为最好的方法便是既不选择牛党也不选择归靠李党，只有这样才能免于被误解、被迫害。

本来李商隐奔赴长安主要就是为了请调长安，李党当政，按说一切必然顺利，但在令狐绹对其态度转圜之下，李商隐竟然开始犹豫起来，在左右为难之际，李商隐最终放弃请调，准备辞去官职，去江乡跟随令狐绹所推荐的杨嗣复去游幕。

这一次的选择直接决定了李商隐的后半生在幕僚生活中度过，虽然之后幕主有别，也曾回归朝廷，但冥冥之中就此开启了李商隐一生的幕僚之路，每一次回归朝廷都像是幕僚之路的短暂休憩。他是喜欢游幕的，在山水之间穿行，停留于别样的城池之中，在不同城池相同繁华处寻找自我的志向，李商隐是不喜欢停留的，眼光新到之处，都能给予李商隐新的希望，尽管每一次的希望到最后都会磨灭，但他仍然没有停住脚步，城池、江乡就是李商隐人生的驿站。

而这已不是李商隐选择的第一次江乡之行了，也不是李商隐第一次去往湖南。当初，李商隐第一次去江乡，是为了年轻时的初恋：燕台，此女为李商隐情窦初开之恋人，在李商隐的人生中有很大的影响。如今再去，燕台早已不在，但年少时留下的伤痕仍然还在，相同的江乡之行不得不揭开尘封的回忆。

第七卷　欲织相思花寄远

第一次江乡之行是在太和九年，这一年，李商隐二十三岁。李商隐那次江乡之行实际上是对所爱之人燕台的一路追随，由北及南，只为救回被掳走的初恋燕台。既是初恋，也是当年李商隐内心认定的发妻。然而到最后江乡走遍了，却是一场徒劳奔波，只留下几行泪，几首诗。

《春》

风光冉冉东西陌，几日娇魂寻不得。
蜜房羽客类芳心，冶叶倡条遍相识。
暖蔼辉迟桃树西，高鬟立共桃鬟齐。
雄龙雌凤杳何许？絮乱丝繁天亦迷。
醉起微阳若初曙，映帘梦断闻残语。
愁将铁网罥珊瑚，海阔天宽迷处所。
衣带无情有宽窄，春烟自碧秋霜白。
研丹擘石天不知，愿得天牢锁冤魄。
夹罗委箧单绡起，香肌冷衬琤琤佩。
今日东风自不胜，化作幽光入西海。

这首诗是李商隐与燕台相遇相爱的写照，燕台诗之春章，更像是李商隐的日记，一年的追随，一年的痛苦都被李商隐写在了日记里面。燕台之春章是李商隐记录了他与初恋燕台在春季相遇时的情景。他们彼此一见钟情，两情相悦，海誓山盟，私定终身，却在两人如此倾心相恋之后又不能为天所鉴，相爱不能相守。两人是被外力分开的，这让李商隐痛苦不堪，还不如被天牢锁住魂魄。李商隐的初恋燕台是被富商所夺，棒打鸳鸯，生生分开。

李商隐认识燕台是在李商隐的老家怀州，公元835年（唐太和九年），李商隐长安落第之后回到家乡怀州河内，这一年春天，他遇到自己的初恋燕台，一见钟情。

燕台与李商隐是同乡，她家中还有一年幼妹妹，燕台和妹妹都是家中养女，备受欺凌，不被宠爱。

“暖蔼辉迟桃树西，高鬟立共桃鬟齐”这是他们相遇时的情景：在一片美丽的桃树林里，桃花朵朵盛开，在桃树底下，一位梳着高发髻的姑娘赏着桃花，人比桃花红，人比桃花还好看，让李商隐看得意乱情迷，情绪高涨，竟把傍晚的微阳看作了初升的曙光。

不知不觉中，李商隐便走近了这位姑娘，对她说：“冒昧打扰，姑娘可否告知芳名？”

“为何要告诉你？”

“此处桃花繁盛，却不想看花，只想看人，惹怒了桃树，说是今年不结果了。”

“不结果与我何关？”

“当然有关，姑娘貌美惹花妒，若是用姑娘的芳名命名此树便可解，倘若姑娘叫桃花，那便是两处桃花皆好看，便不会惹怒桃树了。”

燕台听了忍不住笑，笑起来脸上红彤彤的。

李商隐便接着说：“看来今年桃树是结不了桃儿了。”

“此话怎讲?”

“桃已经在姑娘的脸上了。”

燕台被李商隐逗得哈哈大笑，对他好感倍增，于是二人便一起赏了桃花，李商隐知道了燕台的名字，也知道燕台所住离李家并不远，便相约了下次见面。

燕台与李商隐越走越近，交往中更是情投意合，互生爱慕，坠入爱河，私定终身。

燕台在家中常常被忽视，没有人关爱，李商隐对其就完全不一样了，李商隐的眼中只有燕台一人，透露出的是对燕台全身心的在意，燕台恨不得每日都与李商隐在一起，不要回家，于是燕台一有机会就干脆住进李商隐家。长此以往，两人的关系很是亲密了，彼此依赖，无法分开。

李商隐有意让母亲去燕台家提亲，燕台家和自己家都是乡里乡亲，也不是不知道两人的心意。此时的李商隐科举落第，家中贫穷，燕台的母亲自然瞧不上这位两手空空的贫穷少年，还未等李商隐母亲做好准备，就通过邻里乡亲透露出，除必须习俗之外，若不拿出五十金五十银，在乡里安排五十桌酒席，就不会答应这门亲事。这样的要求别说李商隐，整个怀州也没人能满足。燕台的母亲实际上根本就没打算让燕台出嫁，特别是嫁给李商隐这样的贫穷之人。

听了燕台母亲这要求，李商隐气愤不已，写下一首无题，讽刺燕台母亲要的黄金之多都可以盖楼了。

《无题》

近知名阿侯，住处小江流。

腰细不胜舞，眉长惟是愁。

黄金堪作屋，何不起重楼。

燕台母亲拒绝提婚之事，李商隐与燕台只能偷偷见面，一日，私会城郊，却被燕台母亲撞见，燕台被母亲带回家中圈禁，不许单独出门。

燕台母亲对燕台从小就极其苛刻，没给过她好吃好穿，还经常让燕台做些下人做的活，但燕台却出落得非常漂亮，一头乌黑如泉的长发被她一绺绺地盘成发髻，使她亭亭玉立，美如天鹅般。燕台长大之后，燕台母亲看燕台就像看到了钱财，心想只有拿到足够的聘礼，才对得起燕台这美丽的容貌。怀州为从洛阳至潇湘必经之地，自商业繁盛之后，有许多富商从此经过，带着大队的人马家仆，只要看队伍的长短，便能分辨出商人家业之大小，怀州虽小，肝胆齐全，于是有许多富商把怀州作为驿站，在此歇脚，也有少数商人干脆就留在怀州做些生意，成了财阀，镇守一方财富。

怀州是没有妓院这种场所的，若是有，燕台母亲早就把燕台卖去了妓院。燕台母亲看来往商人都比本地人家有钱，就想要攀附上去，这些商人倒也喜欢去穷人家挑选年轻貌美的少女做奴做妾。

如今燕台与李商隐私下来往密切，燕台母亲更加迫切要将燕台卖出去，她斥责李商隐是癞蛤蟆想吃天鹅肉，更加担心的是燕台与李商隐之事万一被人知道，会卖不到好价钱。

怀州大部分富商家门口常年贴着招工的告示，名义上写着招工，实际上也招寻酒作乐的舞娘，有些男子确实去当了长工，相貌平平的女子也有的去当了丫头，而富商更想要的是舞娘。燕台母亲可没想只让燕台当丫头，舞娘她也看不上，看燕台的容貌至少能做个小妾吧。燕台母亲花重金找了怀州最好的裁缝给燕台做了一身新衣裳，带着燕台去一富商家中应招，看燕台的打扮，富商岂能不知燕台母亲的心思？正如司马昭之心，路人皆知！

而燕台之貌也足以让人心生怜惜，只一面便让富商恋恋不忘，燕台母亲让燕台当众跳了一支舞，富商看得如痴如醉，当即就要让燕台留下做随商舞娘。

燕台母亲要的不仅仅如此，她自称燕台为家中千金，必须要明媒正娶才忍心割舍，否则宁可将她留在家中侍候父母一生也不许配给他人。

这一路上，燕台受母亲胁迫，在富商面前更加不敢多言。回到家，燕台再也忍不住，把她与李商隐所有的事情都讲给母亲听了，燕台母亲这才知道燕台已与李商隐有男女之事，当即火冒三丈，燕台借此想请求母亲把她嫁给李商隐，谁知燕台母亲非但没有放弃卖掉燕台的打算，还好生劝说燕台隐瞒此事，否则就要去找李商隐的麻烦，告去官府，说李商隐是强盗。

燕台母亲凶神恶煞，燕台无力反抗，只能日日抹泪，哀叹与李商隐此生无缘。

李商隐知道了这些事情，便前去寻燕台母亲，本以为可晓之以理，动之以情，后来发现燕台母亲并非可说通之人。无奈之下便一口答应燕台母亲之前所说的五十金、五十银、五十酒席的要求，只是希望燕台母亲给点时间筹措，望燕台母亲放弃卖掉燕台之事。“入门暗数一千春，愿去闰年留月小。栀子交加香蓼繁，停辛伫苦留待君。”李商隐告诉燕台一定会娶她，但是入门暗数一千春，这一日可能需要等待很久，希望燕台可以留待君。他又对燕台立下誓言有朝一日一定要达到燕台母亲的要求，好娶燕台过门，然而这不过都是李商隐自己的想法，燕台会等，燕台母亲怎么会等？

“黄河摇溶天上来，玉楼影近中天台。龙头泻酒客寿杯，主人浅笑红玫瑰。梓泽东来七十里，长沟复堑埋云子。可惜秋眸一脔光，汉陵走马黄尘起。”

富商对燕台的垂涎日渐显露，富商心知肚明燕台母亲是肯定会出售掉自己女儿的，如此嗜钱如命的妇人不过是用拖延术来多要点银两罢了。商人不缺银两，只隔了几天，便带着几大箱子聘礼前往燕台家中提亲。送聘礼的人把箱子摊开，满箱都是金银首饰。燕台母亲眼睛都乐开了花，恨不能直接扑上去。悉数收下之后，燕台母亲再也不顾任何人的反对，应允了嫁燕台为富商妾侍之事，且答应过几日便亲自把燕台送到富商家中。

年少的李商隐听闻此事，痛恨燕台母亲言而无信，当下就跑到燕台家中，可谁知已经晚了，燕台家已是人去楼空，燕台母亲就堵在门口挡着李商隐，言辞之间都是对李商隐的羞辱，李商隐差点就要给燕台母亲跪下，哀求燕台母亲让他再见燕台一面，可是燕台母亲并不为所动。

一想到燕台要遭受富商凌辱，李商隐寝食难安，马不停蹄又跑去富商家外打听消息，可是富商家中院墙高筑，戒备森严，李商隐手无寸铁，想见到恋人非常困难。

俗话说："莫欺少年穷。"可是现实远非如此，燕台之母卖女比较过分，但拒绝如同李商隐这样的贫苦书生在那时非常常见，无功名无家业，要如何与人对抗，李商隐怪不得别人势利，只能眼睁睁看着自己的恋人被掳走，心痛不已。

燕台嫁过去之后，名义上是妾，实际上连妾都不如。跟随富商，为富商跳舞取乐，活得比以前还要凄惨百倍，没多久，富商要去潇湘行商，便带着燕台走了。

李商隐听说之后像疯了一般，一路尾随着富商南行队伍。队伍走得远了，李商隐便站在高处观望，他能猜得出燕台坐在哪辆车里，等队伍歇脚的时候，李商隐便再赶上去。之所以如此，是因为走得近了反而什么也看不到，仆人太多，燕台的马车在中间，被后面的人和车挡住了。不过离得近了，李商隐仿佛能感觉到燕台的气息，这便是李商隐安慰自己的方法，若是没有这样的想法，恐怕李商隐已不想再逗留于世。

他看着不远处的队伍，恨不得马上冲过去把燕台救出逃走，可是等了这么久，却始终没有看到燕台出现过，无力感充斥在李商隐的身体中，除了跟着游商队伍，他什么也做不了。年少的李商隐因为两手空空显得有一丝懦弱，他弱小得像一只蚂蚁，面对着金钱堆砌的高墙，他不仅救不出燕台，连看她一眼都需要爬行千万里，冲破重重阻碍。

夜深，李商隐便随意寻一处落脚地，既隐蔽又能随时看到富商的队伍。夜幕降临，李商隐透过夜色远远望去，燕台似乎是发着光芒的，但这层层叠叠的马车队伍就像一个硬壳，把燕台裹住不能相见，这硬壳大概就是金子做的。李商隐又想起燕台母亲嫁女的要求，干裂的嘴唇露出一抹苦笑，这是比哭泣更伤感的无奈笑容，此时的李商隐生了恨，他恨燕台母亲，恨富商，也恨这夜色，恨这队伍，更恨自己一无所有。

初春的夜晚还很寒冷，李商隐衣着单薄，躲在角落瑟瑟发抖，春风徐徐，敲打着李商隐脆弱的心，让李商隐的心更冷更痛。

没有比这更折磨人的情景了，所爱之人明明就在前方不远处，却见不到，说不上话，无法得知她过得是否还好，更不知自己是否已经被她忘记了。每一次马车上有女眷下车，李商隐都以为是燕台，可是一路追随过来，李商隐目不转睛，也没有看到燕台的身影。他有点恍惚，燕台是否在这其中，是否已经消失在茫茫人海，是否那曾经的种种只是梦一场，梦完了，便结束了。前段时间仍然在李商隐耳边呼唤的人，不见了，忽然坠入孤独的李商隐频频怀疑这个世界，只有当马车铃铛响起，才惊醒李商隐，这一刻，他才知道原来自己还活着，燕台也还在前方，那便接着走吧。

一次马车开窗时，李商隐感觉到了燕台的目光，看到了燕台的衣袖，那一瞥，在李商隐的脑海里留存了很久，便以此暂解相思之苦吧。尽管燕台已属于别人，但不管怎样，人就在那里，就在咫尺之间，这样的距离，若是燕台有什么危险，也可拼死相护，这就够了。

《夏》

前阁雨帘愁不卷，后堂芳树阴阴见。

石城景物类黄泉，夜半行郎空柘弹。
绫扇唤风阊阖天，轻帏翠幕波洄旋。
蜀魂寂寞有伴未？几夜瘴花开木棉。
桂宫流影光难取，嫣薰兰破轻轻语。
直教银汉堕怀中，未遣星妃镇来去。
浊水清波何异源，济河水清黄河浑。
安得薄雾起缃裙，手接云軿呼太君。

转眼入夏，李商隐仍然锲而不舍地跟随着燕台，他写下了燕台之夏，也就是关于这个季节的日记。夏季，他们走到了石城，李商隐与燕台终于在石城相见了。

五月，即将步入梅雨季节，富商的队伍停留在石城小憩，这是李商隐与燕台相见的好契机，李商隐苦思冥想如何拥有与燕台见面的机会。

富商在石城下榻的府邸，尽管是临时的，却仍然极其豪华。府前临水，府后靠山。前阁是富商谈生意的地方，家眷们都住在后堂，燕台便是居于此处。后堂倚靠着的这座山是石城有名的一处景致，雄伟而壮观的山景，复杂而又崎岖，终日树林繁茂，如同原始森林般密不透风。从山脚一眼望去，这座屹立在石城上的名山无路可行，山的背面是寸草不生的石崖峭壁，李商隐一边打探着地形，一边皱起眉头。

后院人少，若是在后院相见，一时半会儿并不会引起人的注意，但后院的树林子里却没有路可以靠近，想从后院溜进去，几乎不可能。

“若是燕台能偷偷出来，该多好啊。”李商隐哀愁着。

有一颗哀愁的心，眼前所见的景也是昏暗的，所以李商隐在这篇夏季的诗记中把石城名景比作黄泉。

清早，李商隐徘徊在富商宅院附近，猜想此刻的燕台在做些什么呢？不知燕台是否和他一样，只是隔着一道墙，却是相同的兀自孤独寂寥。

窗户上一个人影轻闪而过，李商隐警醒得如同一只受惊的鸟，“是燕台吗？”李商隐立刻伸直了脖子翘首以看。

等着这个人影从屋里飘到门口，从窗户里飘到走廊，才看清楚，原来是仆人。李商隐垂下了头，失望地叹了一口气。

身影和燕台千差万别，却在刚刚出现之时被他当作了心中所思念之人，这样的思念仿佛是一种无形的力量，能改变眼前的人影，但思念抵不过现实的残酷，最终只好承认是自己看走眼了。

再后来李商隐终于不再默默等候，他开始行动了。即使后山的树林密不透风，李商隐还是在夜色中潜了进去，刮破了衣袖，挂乱了头发，仍然拼命往前面走。一切都在即将抵达后院时戛然而止，原来这后山与宅院之间还隔着一处深沟，黑不见底，李商隐丢进沟渠一块石头，听不见回声，对里面大喊了一声，判断出人是走不过去的。

李商隐失望透顶，对着沟渠大喊，发泄自己痛苦的情绪。此时，四周“沙沙”作响，原来是习惯了冷清的飞鸟被不速之客惊醒，群起而飞，它们飞得那么畅快，不屑李商隐的悲伤。

追寻无果的李商隐只好原路返回。

“绫扇唤风阊阖天，轻帏翠幕波洄旋。”五月的天渐渐热起来，李商隐在客栈热得不停扇着扇子，忽然李商隐心生一计，扇子可以带来风，风可以去到任何地方，何不借用“风”来传递消息？那么可以吹进富商宅院的风是什么风呢？李商隐想到了那些进进出出的小贩。

一日，李商隐和往常一样去往富商的宅子附近，等候在大门口。富商门口每日都有许多人进进出出，有客人也有送菜送布的小贩。送菜的可以进厨房，而厨房就在后院里，带个消息进去最为方便。李商隐等了一会儿，就见到一位小贩拉着一车蔬菜往富商家中走去，李商隐走上前，请求小贩帮他带个纸条给后院的燕台，但是被小贩拒绝了，小贩看了一眼衣衫褴褛的李商隐，不敢相信他。李商隐再三请求，把身上仅剩的一点银两给了小贩，小贩才终于答应他，但是不保证是否能找到这位燕台小姐，小贩告诉李商隐，自己过一个时辰便会出来，让他等候在此，李商隐连连道谢。

带进去的那张字条上写着：“出门往右五百米处，源逢茶馆。”燕台认识李商隐的字迹，一看便知。

燕台在富商家并不起眼，一个小贩要找她，没有人会关注这件小事情。过了一个时辰，小贩从富商家中出来，便告诉李商隐，已经带到消息，李商隐听到后开心得立刻跑到茶馆等候。

燕台看到李商隐带来的字条，喜极而泣，既开心又紧张，开心的是喜欢的人就在身边不远处，紧张的是如何才能找到机会溜出去私会呢？自从收到字条，燕台便开始想办法，她一改以往不与人交流的姿态，找到了和富商老婆出门的机会。

自从李商隐送了字条进去，便不去富商宅院了，而是每日等候在茶馆，左盼右盼，终于盼到了久违的燕台。

见面时，两人眼中都含着泪，燕台化了妆，李商隐还是看得出她憔悴了。几月不见，依然年少的燕台满眼都是哀愁，让李商隐很是心疼。

燕台先说话："这么远，你是怎么到石城的？何时到的？等了多久了？"

李商隐上前牵住了燕台的手说："我一直都在你周围不远处，你被带到这里，我便跟着到了这里。"

燕台低下头，珠大的泪掉落在地上，推开李商隐的手："我已不是以前的燕台了。"

"不，你是，我会想办法把你救出去，你就安心等我的消息吧，若是之后你们还住这里，我便让小贩给你带消息，你要留意。"

"我已是人妻了，你离开这里，好好去生活吧……今日夫人出来量衣裳，我才求夫人带我出来，我要走了……"

燕台说完就要转身离去，李商隐拉住燕台，可是他留不住燕台，他没有办法让燕台现在就跟他走，他一无所有，甚至也没有私奔的勇气。

李商隐只能看着燕台离去的背影，眼前的这个背影仿佛走进了迷雾之中，走进了一个他再也见不到的世界。

几日之后，石城县衙设宴，富商家中要紧人物都去了。李商隐看着他们的队伍出去，没看到燕台的身影，于是想到燕台一人在家，便想找机会与燕台见面，谁知在富商宅院附近遇到燕台。

《石城》

石城夸窈窕，花县更风流。

簟冰将飘枕，帘烘不稳钩。

玉童收夜钥，金狄守更筹。
共笑鸳鸯绮，鸳鸯两白头。

李商隐与燕台私会终于得逞，“共笑鸳鸯绮，鸳鸯两白头。”李商隐渴望与燕台像鸳鸯一样共守白头，可是现在只是短暂的私会而已，其实李商隐所求并不多，只要能和燕台在一起就满足。

《鸳鸯》
雌去雄飞万里天，云罗满眼泪潸然。
不须长结风波愿，锁向金笼始两全。

“雌去雄飞万里天，云罗满眼泪潸然”说的是棒打鸳鸯，雌去雄飞；“不须长洁风波愿，锁向金笼始两全”，李商隐自比的这对鸳鸯不需要真的如水上鸳鸯般自由地戏水相守，宁愿被锁在笼子里也无妨，只要能够在一起。

这次相会之时，李商隐再次提出让燕台私奔随他而去。他拉着燕台的手不放开，对燕台说要么找一个没人认识的小地方住下来，要么两个人一起流浪走遍天涯海角，但又再次被燕台拒绝了。

生活怎么可能只是暂时的选择，面对以后的日子，燕台无法想象，和自己一同被卖掉的妹妹是肯定要带走的，想到妹妹，燕台不得不考虑，私奔，看起来可去天涯海角，实际上是没有方向，没有目的地。面对生活的改变，远不是几句话那么简单。

燕台说："我们谁不都是这样，唯唯诺诺过完一生，每一次改变都是迫不得已。面对命运的安排，我害怕去做选择。"

燕台拒绝李商隐是因为燕台的懦弱，燕台的可怜之处也是如此，面对未知的生活，害怕是在所难免的。

很多时候，燕台都觉得活着实在是太痛苦了。她怎么会不想要和李商隐私奔，除了和李商隐在一起的日子，其他时间过着的都是生不如死的生活。在被掳走的每一个孤灯难眠的深夜，每一次强颜欢笑的宴席，燕台的内心都淌着血，直到最后，连自己也不知道支撑自己活了这么久的到底是什么？

跟随富商在各处游走，燕台甚至都快忘了自己身在何方，为何在此，从何而来，要去向何方，身体仿佛消失了，没有痛感，没有喜悦，更别说对明天的希望和对生活的喜悦，早就丧失了，她对李商隐说余生就是在日复一日熬着，受着。

回想以往，曾经的李商隐不也是如此这般？为何走到这样的地步，心境何以至此？如今让燕台回到他身边的希望被磨灭，眼前所见是灰暗的，无身无心，无望无光。

这一晚，被燕台拒绝的李商隐辗转反侧。他梦到自己不停地下沉着，沉到了石城河底，河底什么都没有，只有遍地的黄沙，他看到燕台就站在岸边，想要走到她身边，却发现自己如同一条鱼，离不开水的世界。

"浊水清波何异源，济河水清黄河浑。"几个月前还拥在怀中的恋人，如今对李商隐说，我们已经不再是同一种身份了。燕台的话如同烈风暴雨，拍打在李商隐的心上，一个从怀州追随到石城的痴情之人，被拒绝了。

可是燕台不跟李商隐走的原因，又那么的无奈，情非所愿。李商隐想救燕台，可燕台的心是否还可以如往常一样？李商隐在见到燕台之前，还曾想过若是燕台过得好，那见一面后他便回去了，可是见了之后，不用她开口就知她过得不好，她衣着华丽，手戴玉镯，脖挂珠串，打扮精致却与她脸上的倦容不协调。她的话语不如往常清脆，言语之间都是对人生的失望。她对李商隐笑，却让李商隐觉得是面笑心在哭。往日羞涩的燕台如今只剩一身的颓废，她眼中的哀伤笼罩着她走过来的路，每一步都行走在一团乌云之中，她可能已经在某个时刻放弃了自己，放弃了李商隐，这样的燕台让李商隐更加心疼。

优柔寡断不过是多情，生生被分隔的相爱之人，败在金钱脚下的恋人。李商隐的追随，让他成为一个重情重义的可怜之人，他把感情看得比生命还要重要。他把世界看得简单明了，谁知世界回报给他的是一把割断他最重视的感情的刀，他以为燕台之母不过是为女之幸福着想，谁知她会为了金钱把自己女儿推向火坑。他跋山涉水，一路翻山越岭，流了多少汗，洒下多少泪水，这段凄惨的追随之路上净是李商隐的悲伤，爱人就在眼前不远处，忽而可见，忽而消失，李商隐不顾一切想要救回恋人，无奈，伤心，求而不得，一颗赤热的心一次次被世界的冷酷抵挡回来，这么近的距离，中间却像隔了一道悬崖，这道悬崖是金钱、现实堆积而成，真心有何用，还不如几间宅屋，几十银两。

《无题》

白道萦回入暮霞，斑骓嘶断七香车。

春风自共何人笑？枉破阳城十万家。

李商隐目送燕台从石城再次离去，写下《无题》，他看着燕台离去的背影，心如刀割。

李商隐几经挫折，几乎崩溃。

但他还是站起来了，只要他还没死，就要救出燕台，他不肯放弃，他要用尽最后一丝力气，要付出一切，如飞蛾扑火般执着。

《秋》

月浪衡天天宇湿，凉蟾落尽疏星入。

云屏不动掩孤嚬，西楼一夜风筝急。

欲织相思花寄远，终日相思却相怨。

但闻北斗声回环，不见长河水清浅。

金鱼锁断红桂春，古时尘满鸳鸯茵。

堪悲小苑作长道，玉树未怜亡国人。

瑶琴愔愔藏楚弄，越罗冷薄金泥重。

帘钩鹦鹉夜惊霜，唤起南云绕云梦。

双珰丁丁联尺素，内记湘川相识处。

歌唇一世衔雨看，可惜馨香手中故。

秋季，燕台一行离开石城，远去湘中。上面这首诗记载的是李商隐对燕台的思念以及李商隐为夺回燕台所做的最后努力。

石城的秋天来得特别快，后山茂盛的树叶仿佛一夜之间全枯黄了。自从上次相约之后，李商隐再也没有见到燕台，李商隐没有死心，原本想接着跟随富商与燕台的队伍，可是李商隐打听到消息，富商要南下去潇湘了，自石城渡洞庭，经巴陵，而到长沙。从石城再走不久，就必须要坐船了，李商隐不可能混上富商的船，也不可能靠自己找一艘船，李商隐负担不起，不得不放弃一路跟随的计划。

和燕台在茶馆之时燕台对李商隐说的话，这段时间一直都在李商隐的耳边萦绕。李商隐决定回怀州。在石城的最后几日，李商隐仍然每日都去富商宅院的后山上。

他站在后山树林之中，望着这片树林的远处，如今的树林比李商隐刚到石城之时稀疏了许多了。从夏到秋，原本绿油油的山像是被巨大的石头碾过一般，颜色参差不齐，绿一块，黄一块，绿树还在和秋季做最后的抵抗，反而是完全枯黄的树归顺了这冰凉的秋，显得爽朗协调。

李商隐心想或许自己便应该做那枯黄的树。

春夏秋冬，时节变换，没有人可以改变。面对什么季节，人就应该有什么姿态。

燕台之事也是如此，贫穷的出身和势利的燕台母亲就仿佛是人世中无法改变的春秋变换，即使自己拼尽所有也不可能扭转日夜的交替，或许自己和燕台本就是有缘无份。这样想来，李商隐反而痛恨自己与燕台的相识相爱了，说放弃，心中并没有放弃，虽然人无法再接着追随，但对燕台的相思无法被阻断，无法释怀，欲织相思花寄远，终日相思却相怨。

没过几日，燕台便跟着富商离开了，李商隐望着远去的队伍，这一刻，燕台终究要远去了。

一首《到秋》便是李商隐在日日等待燕台消息时所写。

《到秋》

扇风淅沥簟流离，

万里南风滞所思。

守到清秋还寂寞，

叶丹苔碧闭门时。

“扇风淅沥簟流离”，李商隐追随燕台到石城之时还在夏季；“万里南云滞所思”，从石城到湘中，他在北方，而所思之人滞在南方。李商隐盼望得到燕台的消息，寂寞地等候着。

李商隐回去之后，便日日闭关读书。一月过后，竟收到一封来自远方的信。

是燕台的信！信封上的字迹，李商隐再熟悉不过。这字迹的一笔一画都是李商隐所教。燕台在信中说，她们已在湘中安顿下来，要待很久的时日。富商又娶了新妾，燕台就比以往自由许多，可随时出入府邸，因此带书信给李商隐，若是可以，李商隐收到书信之后立刻去湘中，或许能够相见，或许……后面燕台没写。她不知道李商隐如今怎样，不知道李商隐之前说过的话是否还算数，信末的“或许”后面应是“远走高飞”，李商隐拿来纸笔，在后面加上了这四个字，合上信笺，立刻收拾行李，准备去往湘中。

当自己已经放弃的事情重燃希望，这种失而复得会令人觉得自己身处幻境，怕一晃眼，一个不留神，这书信就不见了。收到书信这日，李商隐辗转反侧，害怕这书信乃是仙子所变，因为见他饱受相思之苦，便戏弄他。于是这书信李商隐读了一遍又一遍，信封也研究了许久，想从中多寻一丝燕台的痕迹。他不敢睡觉，紧紧攥着信，担心一觉醒来，发现这一切不过是梦一场。

躺在床上，李商隐在想第二日去哪里找马车，路线如何，该带多少银钱。

第二天天还未亮，李商隐便踏上了南下湘中的行程，这一路路途遥远，李商隐寻了最快的马车，跑了十多天才终于到了益州。

这期间，李商隐一直希望能听到一些燕台的消息，可是无果。

他写下了一首《丹丘》表达期盼。

青女丁宁结夜霜，
羲和辛苦送朝阳。
丹丘万里无消息，
几对梧桐忆凤凰。

夜霜是因为天气已至深秋，送朝阳是李商隐在去往湘中时的情景，日夜兼程，早上不是朝阳迎接他，就是他送走朝阳，凤凰代指燕台。

这一路，李商隐日夜兼程，什么也顾不得。到了湘中，回想起来，李商隐感觉自己和拉人行走的马车没什么区别，只知道赶路，没有杂念，这么长的一段路，竟没有想过寻找燕台时会不会有什么变数，是否真的能顺利救走她。

《冬》

天东日出天西下，雌凤孤飞女龙寡。

青溪白石不相望，堂上远甚苍梧野。

冻壁霜华交隐起，芳根中断香心死。

浪乘画舸忆蟾蜍，月娥未必婵娟子。

楚管蛮弦愁一概，空城罢舞腰支在。

当时欢向掌中销，桃叶桃根双姊妹。

破鬟矮堕凌朝寒，白玉燕钗黄金蝉。

风车雨马不持去，蜡烛啼红怨天曙。

写燕台之冬章时，基本上是李商隐的这段初恋感情的尾声了。

一到湘中，李商隐立刻前去寻找燕台，按照燕台所给的地址寻找过去，发现已没有人在了。

他掏出信笺，又看了一遍地址，自己没有找错，燕台也没说其他的地方。李商隐环顾四周，找了附近小铺子的人打听，才知道富商一行昨日刚刚离开了。

李商隐后悔莫及，竟然来晚了！这该如何是好？在街上徘徊了半天的李商隐最后在一处驿站停下了脚步，今晚只能先安顿下来，明天再说吧。李商隐第一次独自住在离家这么远的驿站。冬季的湘中，犀利的冷风吹得窗户呼呼作响，搅得人无法入睡。李商隐干脆开了窗，一阵冷风扑面而来，窗外街道冷清，人都睡去了，漆黑一片。天上一轮清冷的明月，他的心就像这月一样没有温度，冰冷的空气几乎渗透了身体，他感觉自己和冬季的天地融合在了一起。周边空无一物，恋人失去消息，亲人都在远方。他在月光中发愣，在思念中沉沦，直到后半夜，一阵冷风袭来，他打了个战栗，回过神来，才关了窗，低头苦叹自己的孤寂：“天东日出天西下，雌凤孤飞女龙寡。”

第二日一早，李商隐醒来，看着陌生的湘中，想着自己还能去哪里呢？不知不觉中又踱步到了燕台居住过的宅院。

找不到燕台，是回去还是等待呢？既然燕台写信通知李商隐，那么他们一定是要在此待很久的，万一他们只是出去游玩，不久将回呢。于是李商隐准备在这里多待几日。

和在石城一样，一处宅院，同一种相思。李商隐一早便去，夜晚才归。他站在宅院的门槛上，想象燕台曾在此等过他，左边的桥，右边的路，每一个从路口出现的行人都使他忍不住望很久，仿佛眼睛用力一点，那个眼中的行人便会成为他所等之人。就这样自清晨到黑夜，视线由模糊到清晰，行人都还是行人，靠近又远去，都没能化作自己所等之人。路上的行人一直在走，对面小铺子从开门到关门。

一天傍晚，小铺子准备打烊，那老板把一块块木门关上之后，便朝这边走了过来，对李商隐说：“这位兄弟，见你每日都在这空无一人的宅院门口等待，你等谁啊？”

李商隐说：“我等这里面的人。”

小铺老板说：“你可是从外地而来？这府中住的是做游商的，每年冬季都会离开这里，去暖和的地方过冬，一时半会儿是不会回来的。”

李商隐哗然，原来如此。那老板看着李商隐，李商隐只好转身离开这里，可是李商隐的脚步很沉重，以至于那老板觉得奇怪，便还站在原地望着李商隐慢慢走远。果然，老板眼里这个奇怪的人走了几步又回来了，李商隐急切地对老板说："我还是想再等待几日，若是这几天他们回来了可否帮我带个信？"

"当然可以，举手之劳。不过……怎么通知你呢？"老板如此欣然答应了。

李商隐把自己所住驿站的地址告诉了老板。

从怀州到湘中，十天的时间并不慢，看来是信送得晚了，想到燕台送出信笺，便日日等待，等到临走也没有盼来李商隐，李商隐心痛不已。

这次若是见不到燕台，失去燕台的消息，大概是永远失去了。

李商隐居住的驿站对面是一处夜夜笙歌的酒家，没事李商隐便进去看看歌舞。

小铺老板对李商隐说了那些话之后，李商隐感受到前所未有的怅然，只想以酒消愁。他在酒家喝了不少酒，眼睛迷离地看着舞台上的舞女翩翩起舞，舞姿轻盈，不知不觉走上了舞台，"彩鸾空自舞，别燕不相将"，身边的舞女和燕台跳起舞来极其相似，却不是燕台。

这么久不见，燕台恐怕不是以往的样子了，和燕台分别这一年，追了一年，痛了一年，这一路春夏秋冬都经历过了，到最后仍然无所获。

从歌舞坊回到驿站，李商隐看到自己的包裹还是刚到湘中时的样子，没展开，想着不用展开就可以直接带回了吧。一次又一次的错过让李商隐渐渐失去了为爱而争的力气。生活的无奈总是被时间掩盖，一年的追随，李商隐实在太累了，累到失去了自我。既然失去了自我，怎么追得回燕台，他把燕台的信拿了出来，在红烛上点燃了，烧完却有点悔，就怔怔地看着红烛上残留的一点灰烬，随着红烛融化滴下，李商隐有痛哭不出，而红烛却替他哭了，红烛泣泪，直到燃尽。

《夜思》

银箭耿寒漏，金釭凝夜光。彩鸾空自舞，别燕不相将。

寄恨一尺素，含情双玉珰。会前犹月在，去后始宵长。

往事经春物，前期托报章。永令虚粲枕，长不掩兰房。

觉动迎猜影，疑来浪认香。鹤应闻露警，蜂亦为花忙。

古有阳台梦，今多下蔡倡。何为薄冰雪，消瘦滞非乡。

这晚，李商隐写下《夜思》，在“银箭耿寒漏，金釭凝夜光”的场景下，李商隐一人空自舞，燕台不知去了哪里？每日为燕台写信，每日为燕台写诗，却不知寄往何方，若是知道寄往何处，是否能消解这剪不断的离恨？“会前犹月在，去后始宵长”，想起在石城也是如此这般相隔，却还能偷偷私会，而在湘中，李商隐明明是得到消息赶来，燕台却像是人间蒸发了一般，不知所踪。

李商隐思念之深，总觉得燕台会回来找他，或者是收到燕台的消息，于是客栈的门便只虚掩着，每当门前有动静就以为是燕台的倩影来到，然而每一次都是白欢喜一场。

“鹤应闻露警，蜂亦为花忙”，鹤都知道闻露警，李商隐明明收到了燕台已离去的消息，却还是没有死心。从怀州追随到湘中，像蜜蜂采花般奔波。

回忆起石城之约，如今像是一个梦，从石城又到了这里，自己到底是为何要冒着冰雪，消瘦在遥远的他乡？

第二日，李商隐起床，看到昨日的红烛只剩一摊残骸，联想到自己为爱所做的无谓挣扎也应该像烧干的蜡烛一样结束了吧。

后在湘中待了几天，这其中又去了一次燕台的宅院，便决心回了。但他暂时不想回怀州伤心地，便准备去洛阳兄弟让山家里。在客栈给让山写了一封信，寄完便离开了。

李商隐的初恋就此结束了，李商隐失去恋人，确实可怜，但更可怜的是像燕台一样被社会迫害的卖婚女子，得不到称心如意的婚姻还要被自己的亲生父母当作赚钱的工具，像商品一样被明码标价，任意买卖，被卖之后的生活也是可想而知，不过是主人手中的作乐工具。

也就是这年冬天，李商隐为燕台写下一首河阳诗。

《河阳》

黄河摇溶天上来，玉楼影近中天台。

龙头泻酒客寿杯，主人浅笑红玫瑰。

梓泽东来七十里，长沟复堑埋云子。

可惜秋眸一脔光，汉陵走马黄尘起。

南浦老鱼腥古涎，真珠密字芙蓉篇。

湘中寄到梦不到，衰容自去抛凉天。

忆得蛟丝裁小卓，蛱蝶飞回木绵薄。

绿绣笙囊不见人，一口红霞夜深嚼。
幽兰泣露新香死，画图浅缥松溪水。
楚丝微觉竹枝高，半曲新辞写绵纸。
巴西夜市红守宫，后房点臂斑斑红。
堤南渴雁自飞久，芦花一夜吹西风。
晓帘串断蜻蜓翼，罗屏但有空青色。
玉湾不钓三千年，莲房暗被蛟龙惜。
湿银注镜井口平，鸾钗映月寒铮铮。
不知桂树在何处，仙人不下双金茎。
百尺相风插重屋，侧近嫣红伴柔绿。
百劳不识对月郎，湘竹千条为一束。

《河阳诗》记录了李商隐与燕台从相识到结束的过程。诗有结尾，情终将别。这样一份感情的始末就在诗里，这诗如同一首告别诗。这一年来，燕台走到哪里，李商隐便跟随到哪里，对于这份感情，李商隐付出了所有，拼尽了全力，在写下《河阳诗》之时，李商隐已在流失的时间里渐渐释怀，在与燕台分开的那些日日夜夜，李商隐的思念被消磨殆尽，他曾经一秒不停地想着燕台此时在做什么，越想便越不想再想了。直到一年之后，李商隐终于接受了失去燕台的事实。

无论多深的感情，终归在过久的分离下淡忘了，岁月改变了人的相貌，也抹淡了人的欲望，那一份求而不得的感情，被深埋于心，这份感情让李商隐的眼神又暗淡了一丝，这个世界的残酷，李商隐已经了然于心，在之后的行走中，便留一份余地。

后来，李商隐在开成二年（公元 837 年）从长安赶往梁州奔令狐楚丧，路上经过圣女祠，想起燕台，又为燕台作了一首诗《圣女祠》。

当年李商隐和燕台想要在一起，尽管燕台家中没有允许，但李商隐的家人，早就把燕台当作李商隐的妻子。

所以后人在写王氏之时，在赞扬王氏之贤惠时，还会说王氏是李商隐的续弦，实际上就是因为李商隐认为燕台是发妻的缘故。

《圣女祠》

松篁台殿蕙香帏，龙护瑶窗凤掩扉。

无质易迷三里雾，不寒长著五铢衣。

人间定有崔罗什，天上应无刘武威。

寄问钗头双白燕，每朝珠馆几时归。

李商隐为燕台被抢走一事而感伤，他始终没有忘记当初多么想要与燕台白首不相离，若是当初能够和燕台在一起，该多好。如今一切都变了，李商隐也即将开始新的生活，他望着与燕台的信物，感伤过去，也不知燕台如今身在何方，是否安康，愿她也能掩饰伤痛重新生活吧。

第八卷　佳期自古稀

回到李商隐因为两党之争而选择第二次江乡之行的开成五年（公元840年），这一次的江乡之行不同年少时的莽撞，却都是为了情，第一次江乡之行是为了追随初恋燕台，第二次江乡之行是为了逃避两党的恩情。

在准备辞去官职之前，他去令府与令狐绹拜别，再次走进令府，李商隐感慨万千，曾经居住的地方，如今一晃许久没来过了。

府中留着许多令狐楚的物件，后院的祠堂还摆着令狐楚的牌位，李商隐先去祭拜了令狐楚，之后便去与令狐绹叙旧。

对李商隐来说，令狐绹是儿时伙伴，是曾经一起学习的同学，是恩人的儿子，是曾经的知己好友，他对令狐绹的感情是真切而诚恳的。而令狐绹对李商隐却没有这种感情。如今令狐绹正值用人之际，只把李商隐当一颗棋子罢了。李商隐年少的时候，令狐楚偏爱李商隐，令狐绹就对李商隐生厌，但令狐绹无能为力，只能眼见着自己的父亲更加疼爱李商隐。如今自己坐稳朝廷，想要改变自己讨厌之人的官场命运不费吹灰之力。他对李商隐不真情，却是极其信任李商隐的，李商隐的一颗赤子之心，太容易被看穿，因此太容易被他人利用，令狐绹非常了解李商隐，知道自己的父亲就是这位真情至上的李商隐之软肋。

尽管此时，令狐绹笑对李商隐，但背后却藏着一把伤人的刀，令狐绹始终是要辜负这位来报答恩情的人了。若是李商隐对其有利用之处，那便还能假意和好，若是李商隐再无利用之处，令狐绹必定对他丢之弃之，无半点旧情可念，此时的李商隐还不知这些。

令狐绹在书房里等着李商隐，二人对谈甚欢，李商隐毫不介意令狐绹曾经撤下李商隐及第一事。令狐绹刻意不谈王茂元之事，只跟李商隐讨论此次随幕的安排，最后令狐绹祝愿李商隐能在幕僚之位有所成就。

临走之际，李商隐写了一诗差人送去令狐府。

《酬别令狐补阙》
惜别夏仍半，回途秋已期。
那修直谏草，更赋赠行诗。
锦段知无报，青萍肯见疑。
人生有通塞，公等系安危。
警露鹤辞侣，吸风蝉抱枝。
弹冠如不问，又到扫门时。

告别之时，夏季尚还有半，而归时却要到秋了，李商隐将一首告别诗赠予令狐绹，他感激令狐绹对他的帮助，大恩大德无以为报，自己能做的就是祈祷令狐绹事事顺利，早日升迁。

开成五年九月初，李商隐先去往弘农，辞了官职，打点了行装，就去往洛阳。辞去了官职的李商隐心情舒畅，他想起儿时曾问母亲：为何父亲为我取名李商隐？母亲说，“商”是秋天，“隐”是希望李商隐做一名平凡低调隐于世界的人。

此时便是秋天，此时便是自己离开京城，退隐江湖的日子。李商隐如同重生般精神抖擞，眼下的马车舟船反而让他无比踏实。

从长安去湖南，途经王氏家乡洛阳，于是李商隐准备在洛阳休息几日再继续赶路，他住在王茂元在洛阳的别院崇让宅。

洛阳，此地不免让李商隐想起自己年少时的情人柳枝，柳枝在燕台之后，是李商隐年少时的两位情人中的一位。半年前，他刚得秘书省官职时，在长安城里与她重逢，心中激起无数涟漪，临分开时她问李商隐什么时候去洛阳玩，可以去看望她，如今这么快就真的又要去洛阳了。

开成四年暮春时候，李商隐还不知自己在秘书省的官职会被撤，心情还不错。

长安的春季，护城河外一排排杨柳已浸染了新绿，柳枝随风飘荡，梨花争相开放，蝶蜂飞舞，景致极其怡人，李商隐一闲下来便去郊区踏春。

一日，天气晴好，李商隐在郊区游荡，准备寻一僻静的院子居住下来，安顿好了可以早日接王氏过来。

经过城外的护城河边，见柳树新发芽，翠绿得讨人欢喜，便停下脚步欣赏，一俏皮的女子突然现身，吓了李商隐一跳。

他一看，竟是年少时的情人柳枝。重逢柳枝，李商隐欣喜不已，柳枝本应在洛阳，怎么会出现在长安城的郊区？还这么巧遇。

原来柳枝是随夫君东诸侯来长安城办事。她也是闲来无事，便到这里来看看风景，没想到老远看到李商隐，一开始还不确定是他，走近了，便确定了，真的是李商隐。

柳枝没有了年少时的青涩，如今珠圆玉润，却仍然难掩艳丽的姿色。

刚刚相遇，李商隐便笑话她说：“未被相思扰，长胖了。”

柳枝气恼，解释说是因为自己已怀有身孕才显得胖。李商隐听到这个消息，看了看柳枝的肚子，不可思议但为她感到高兴，责怪她已有身孕还在外乱跑。

当年柳枝还在和李商隐热恋时，就被母亲所迫要嫁给他人，这和当年燕台相同，但是也不同。燕台是因为母亲把她当成赚钱的工具，嫁给富商为奴为婢。而柳枝，则是因为母亲觉得李商隐无法给予柳枝幸福，转而另觅心仪女婿。柳枝嫁人之后过得还不错，如今四年过去了，她仍然是原来那个可爱俏皮、婀娜多姿的柳枝，丝毫没有受到棒打鸳鸯之苦的影响。

旧情人重逢，李商隐写了一首诗赠予她。

《赠柳》

章台从掩映，郢路更参差。

见说风流极，来当婀娜时。

桥回行欲断，堤远意相随。

忍放花如雪，青楼扑酒旗。

《赠柳》是写李商隐与柳枝在开成四年相遇时的情景，重逢故人，李商隐想起那段青涩的旧情。如今想来，过去的自己是太傻了，两手空空还信心满满地去提亲。不过，过去的自己有一颗赤子之心，也挺让现在的自已钦佩的。

这一天，他和柳枝从郊区沿着河边散步，抚过一棵棵柳树，走过一条又一条的小巷，讲从前，讲现在，讲让山，讲柳枝夫君，也讲王氏，两个人如同多久不见的好友，倾诉彼此。他们从艳阳高照走到夕阳西下，柳枝才不得不告别，临走前，她希望李商隐他日能去洛阳看望她。

李商隐回去后又写下一首《谑柳》。

已带黄金缕，仍飞白玉花。
长时须拂马，密处少藏鸦。
眉细从他敛，腰轻莫自斜。
玳梁谁道好，偏拟映卢家。

题目之所以是谑柳，原因是李商隐和柳枝相处时就经常会互相戏谑，这是他们的感情常态。柳枝如今的模样，面色红润有光，富态丰腴，尽管过得不错，但是当年柳枝不得已要和李商隐分开之时，也是撕心裂肺、肝肠寸断般难过憔悴。当年都怪柳枝的母亲，不然柳枝怎么会嫁给别人，为东诸侯作舞？

李商隐与柳枝的相识是在儿时，但相恋却是在开成元年，就是和燕台的初恋结束之后的第二年。

李商隐的兄弟让山，是柳枝家的邻居，小时候李商隐去洛阳抄书，经常就住在让山家，柳枝喜爱和李商隐一起玩耍，后来分开了很久，原本都已经忘记这个儿时的小伙伴了。

不过，让山有一次在家中读诗，读的是李商隐为燕台写的情诗，被柳枝听到了，柳枝被诗人的感情感动，问让山这是哪位诗人的名作？让山说是他的兄弟，柳枝惊叹不已，原本柳枝以为是大家之作，没想到竟是那个小时候见过的瘦瘦小小，总想着如何赚钱养家的李商隐。

柳枝拿去了李商隐的燕台诗，读了无数遍，不仅感动涕零，还把李商隐的诗熟记于心。

柳枝对让山说若是能再见到李商隐该多好，她想问问李商隐，为何对这位女子如此痴情，燕台到底是什么样子，能够让他毫不犹豫地追随而去。让山竟说：快了，李商隐寄来的信里写了，已经告别湘中，往洛阳来了。

柳枝听了开心得差点跳了起来，她欣喜不已，迫切想要看到这位痴情执着的大才子。得知李商隐快要来了之后，柳枝每天都在楼上等着。

一天又一天过去，终于在一个黄昏，一位骑着瘦马的人缓缓经过柳枝家门口，在让山家停下来，柳枝一眼便认出他就是李商隐，马上跑出家门叫他，李商隐很惊讶，心想这位小女子是谁，他看着柳枝，柳枝此时年方十七，脸庞俊秀，扎着两个辫子活泼可爱，她从家中跑出来，裙摆都要飞起来了。

柳枝大声叫着："李商隐!"对着李商隐花痴般地笑。

李商隐一脸迷惑，问："你是谁?"

柳枝："你不认识我了，我是柳枝啊，小时候经常吵闹着要跟着你的那个。"

李商隐突然想起来了，小时候抄书的时候那个要跟着我回怀州的女孩："原来是你啊。"李商隐疲惫的脸上露出一丝笑容，实际上则是被柳枝的活泼感染了。

柳枝："是我是我，我看了你写给让山的信，读了你的诗。"

李商隐："让山竟把那诗给你看？"

柳枝："是啊，你写的燕台。"

李商隐尴尬地说要告辞去找让山了，谁知柳枝跟着李商隐一起去了让山家。

让山一见李商隐来了，马上迎了上来，接过李商隐的包裹："你终于到了。"

李商隐："看来你等我很久了？"

让山："不是我等，我就在家中，倒是隔壁这女孩子，每天趴着窗台等你呢。"

李商隐："等我做啥？"

柳枝："等你给我讲诗中的爱情啊。"

李商隐没追回燕台，原本很难过，这柳枝偏偏几次提起燕台，李商隐心想：真是童言无忌啊。于是便对柳枝说："你还小，不懂。"

柳枝反驳说："我怎么不懂，我就挺喜欢你的。"

此话一出，李商隐和让山先是一愣，随即李商隐尴尬地笑了几声，当柳枝开玩笑呢。

其实这柳枝说的都是心里话。柳枝是由诗爱上诗人，十七岁的柳枝情窦初开，家中特别宠她，事事由她，自然生出了不少的主见，和别家深闺女子不一样。

自从李商隐住在让山家，柳枝便天天过来。

一日，李商隐和让山在府里歇息，让山妻子为两人抚琴作乐，柳枝这时突然进来了，她一身红色舞裙，纤细的腰肢尽露，进屋便开始跳舞，身姿轻盈，如飞蝶，如繁花。

李商隐一直把柳枝当小孩子看，但这妩媚的舞姿让他对柳枝刮目相看，李商隐看得如痴如醉，似乎心有所动。

舞罢，柳枝就坐在李商隐旁边为他倒酒。

此时的李商隐仍然沉浸在失去燕台的悲伤之中，追了燕台一年，身体劳累，满脸憔悴，不胜酒力，没几杯便醉了。

柳枝搀扶李商隐回卧室，见李商隐醉如泥，便帮他洗漱宽衣，李商隐差点把柳枝当作了燕台。

《柳》

动春何限叶，撼晓几多枝。

解有相思否，应无不舞时。

絮飞藏皓蝶，带弱露黄鹂。

倾国宜通体，谁来独赏眉。

如柳之飘动，如柳之妖娆，如柳之善舞，如柳絮纷飞，柳枝之婀娜，柳枝之美貌，倾国倾城，动人心魄。这样热情的柳枝刚好出现在李商隐情伤之后，她不顾李商隐旧情未忘，以一颗热忱的心温暖了李商隐。

春日里，李商隐外出游玩，柳枝跟着李商隐一起，在满目绿意的春景中，柳枝和盎然的新芽一样，婷婷生长的爱意在阳光里闪耀着，照亮了李商隐黯淡的心灵，给他带来了重生的希望，李商隐渐渐从旧情伤中痊愈，接受了自己对柳枝动情这件事。

柳枝不是一位伤情的人，她和李商隐完全是两种相反的性格。当李商隐伤春悲秋之时，柳枝会拉着李商隐去山野赏花，去红楼饮酒作乐。李商隐正是需要这样的伴侣，才能够改变自己悲苦的生活，和柳枝在一起的日子是李商隐一生中难得愉快放松的日子。

柳枝对李商隐总是直言不讳，她好奇燕台，便会问个究竟，毫不顾忌，反而让李商隐极其安心。

李商隐婉约压抑的诗意总是会被柳枝的直率摧毁，柳枝带来的是完完全全的快乐，这种快乐直接而猛烈，这种相处的方式正是李商隐后来写《谑柳》的原因。

一日夜半，李商隐还未睡去，在屋中写诗，突然听到有敲门声，李商隐去开门，来者竟是柳枝。

李商隐非常惊讶，这么晚了，柳枝竟然偷偷跑到李商隐的住处，李商隐让柳枝赶紧进屋，外面太寒冷了。

从那之后，柳枝便经常跑来让山家，和李商隐的妻子并无区别。

柳枝是因燕台诗而爱上李商隐的，一次柳枝问："你还会想起燕台吗?"

李商隐想了想，人的记忆怎么可能一时半会儿改变，于是便说："会啊。"

柳枝点点头，又问："她长得好看吗?"

“挺好看的。”

“是怎么样的好看法?”

“她和你年纪差不多，不过没你可爱，她总是会发愁。”李商隐非常认真地回答着柳枝的问题，而他再次说起燕台，已然像是在讲回忆中的人了，这个人似乎离去很久，但事实上才相隔不到一年。这一年的时间并不长，但在李商隐的脑海里，记忆里，像是经历过了一次完整的人生洗礼，像是已经在那段日子活完了一辈子，而如今是下辈子的生活了，怀州的初恋，石城、湘中的追随仿佛都发生在前世，想起来，即使有针刺心头的痛苦，但也被时间按压住了，包裹了尖锐的菱角，不怎么硌心了。

“为什么发愁?”

“为很多事情，家事，心事吧。”

“有我在，还会有心事吗?”

“正是因为有你在，才会有心事。”

“是我好看还是燕台好看?”

“都好看……”

“什么时候，你也能为我写五首诗呢?”

“等你嫁给我，还会没有时间写么?”

这个时候，柳枝便会很高兴，嚷着让李商隐早日去她家提亲，可以早一点为她写诗。

《俳谐》

短顾何由遂，迟光且莫惊。

莺能歌子夜，蝶解舞宫城。

柳讶眉双浅，桃猜粉太轻。

年华有情状，吾岂怯平生。

相处时日虽短，缘却深，莺能歌子夜，柳枝可否等我到子夜？蝶能穿墙而过，我也能。这是李商隐借诗开玩笑呢。

柳枝早上起得晚，李商隐在旁边打量她，待柳枝醒来，便笑她早上的样子和平时带妆容的样子完全不同，眉浅粉轻，“柳讶眉双浅，桃猜粉太轻。”柳枝见李商隐这么仔细打量她，赶紧盖住了自己的脸。

李商隐与柳枝相处时如胶似漆，这些日子幸福甜蜜，只有这样的日子，他才觉得不负好年华。“年华有情状，吾岂怯平生。”

年华虽好却总是被人惊扰，没过几日，柳枝不舍地对李商隐说，她经常不在家，被母亲责怪了，母亲似乎察觉到了什么，开始对她寸步不离，不再轻易让她出门，晚上更加不可能偷偷跑出来了。

柳枝知道自己无法再日日与李商隐相对，非常难过。李商隐为了安慰她，写下《向晚》此诗送给柳枝，花情脉脉、柳意微微是暂别时柳枝的情状，李商隐对这样短暂的离别并不在意，柳枝就住在隔壁，她不会和燕台一样消失远去，她就在那里，此情不变，人就会在，这样的离别不值一提，所以他才可以安慰柳枝。“莫叹佳期晚，佳期自古稀。”虽说柳枝无法出门，但两家离得太近，李商隐在院子里便可以看到柳枝家的木楼，柳枝常常站在廊边对李商隐挥手，这样见面也别有一番滋味。

《向晚》

当风横去幰，临水卷空帷。

北土秋千罢，南朝祓禊归。

花情羞脉脉，柳意怅微微。

莫叹佳期晚，佳期自古稀。

李商隐在院子里遥看柳枝，让山走了过来。

让山见李商隐痴痴的背影，说道："你也不小了，可以考虑娶妻之事，既然和柳枝两情相悦，何不早点结成连理?"

李商隐确实有此想法，不过婚姻大事还须回怀州奏明母亲，让母亲做主才行。

李商隐抬头看了一眼久久站在楼上的柳枝，不舍得离去。

第二天，李商隐留了一封信给让山，让他代转给柳枝，信中是一首《离亭赋得折杨柳二首》。

其一

暂凭樽酒送无憀，莫损愁眉与细腰。

人世死前惟有别，春风争拟惜长条。

其二

含烟惹雾每依依，万绪千条拂落晖。

为报行人休尽折，半留相送半迎归。

这是两首折柳诗，在唐代，折柳是一种习俗，柳与“留”同音，人们希望通过折柳来表达挽留之情。另一方面，杨柳枝生命力顽强，一枝杨柳插在土里就可以存活，于是，对远去的人来说，“折柳”也是一种祝福。

杨柳岸，微风阵阵，万绪千条的柳枝随风飘荡，如同李商隐依依不舍的离别心绪。

人生在世总有离别，这次离别是为了更好的重逢，李商隐希望柳枝能够照顾好自己，等着他归来。“为报行人休尽折，半留相送半迎归。”

留下这首诗之后，李商隐即刻就启程回怀州禀报母亲此事了，他飞奔而去，希望回来时就能见到柳枝，娶到柳枝，再也不必相看无相守。

李商隐走后，让山和妻子一起去了柳枝家，找了机会把李商隐的信给了柳枝。当时柳枝家里还不知柳枝的心上人就在让山家中，否则对让山可能也不当一般邻居款待了。

李商隐用了三天时间就到了家，迫不及待和母亲说起此事，母亲倒是也认识这一家，以前在洛阳，去让山家玩，母亲也喜欢这个女孩子，但是母亲知道柳枝家视柳枝为珍宝，心中很忐忑，她应允后，写了信给李商隐叔父，让他帮忙去洛阳提亲。

李商隐临走那天，母亲前来相送，前有燕台的事情，母亲担心儿子再受打击。

回到洛阳的那天又是一个黄昏，他远远地就看到了柳枝的身影，在夕阳中的高楼上宛如一只飞来栖息的小鸟，脚下的阁楼不是她的家，她的家在她抬头仰望的地方，她仰望着的正是远处走来的李商隐。柳枝的半个身子几乎都探了出来，李商隐担心她从楼上掉下来，急急忙忙进了让山家。

让山说：“你总算回来了。”

“怎么了?”

让山：“你再不回来，柳枝就要翻楼去怀州找你了。”

李商隐说：“我已禀报了母亲，但路途遥远，母亲无法过来，只好请你们帮忙提亲了。”

让山：“这是当然，不过……”

李商隐：“不过怎么?”

让山：“不过，我还是很担心啊，这柳父柳母虽说都是通情达理之人，但爱女非同寻常，嫁女肯定更加谨慎。”

李商隐：“两情相悦难道不是最重要的吗?我们两情相悦，我必定是最关爱柳枝之人。”

让山：“话虽如此……可能是我考虑太多，我们先去试试吧。”

李商隐：“一切都靠兄弟了。”

让山忧虑地对李商隐点点头，便去准备聘礼。

聘礼妥当，让山带着妻子、李商隐，立刻就去了邻居家。

柳父母一看是邻居来到，连忙让他们进了屋，进屋才发现这次让山带了许多东西过来，还有一位不认识的陌生人。

柳父指着聘礼问让山：“你这是?”

让山恭敬地说：“伯父，我这次前来是想为远兄提亲，所以带了聘礼过来，还望应允。”

柳父：“什么?提亲?跟谁提?”

让山："贵府千金，柳枝。我这位远兄是怀州生人，父亲李嗣，曾是获嘉县令，远兄自幼爱好文章，如今才华横溢，仪表堂堂，爱慕贵府千金许久，恳求我们前来提亲，得到伯父允许方可成事。我们两家邻居多年，也是缘分，如今想要亲上加亲，还请同意。"

柳父一脸惊慌，此时恰好看到躲在门后的柳枝，便把柳枝拉了过来，问她是否知道此事?

柳枝跪下便说今生一定要嫁给李商隐，被柳母拉走。

柳父说："我考虑考虑吧。"

这时，柳母又来了。她打量了几眼李商隐，就对让山说："考虑什么啊，我家柳枝有什么不好的地方，要嫁给你这位寒酸的远兄?"

让山："伯母千万别这么说，当日柳枝认识远兄，是因为读了他的诗，你还不了解我这位兄弟，他……"

柳母打断了让山的话："既然有才华，那便应该考取功名，考取了功名再谈婚嫁之事，这样不是才合乎常理么?"

让山一时语塞，望了一眼李商隐。

李商隐说："我是真心喜欢柳枝，功名是必得之事，我胸有成竹，但是柳枝如今年纪也不小，既然我俩两情相悦，为何母亲大人不早点应允呢?"

柳母："千万别叫我母亲大人，考取了功名再说吧。"

让山和李商隐只好回去了，临出门，柳家下人还把聘礼送了出去。

回去之后，李商隐垂头丧气，一脸哀愁地说："看来你考虑得确实周全啊，父母之辈，能懂我之人甚少。"

让山安慰道："你也别灰心，起码他们说只要有了功名便会应允这桩婚事，柳父柳母爱女如宝，这是人之常情，既然他们不轻易把柳枝许配给你，肯定也不轻易许给别人，你还是考取功名更加重要。"

"外兄所言极是。"李商隐提亲之事就作罢了。

回去之后，李商隐写了封信给母亲，讲了提亲的结果，也讲了要去考取功名的决心。

又写了两首诗给柳枝，请让山代为转送。

《代赠两首》

其一

楼上黄昏欲望休，玉梯横绝月中钩。

芭蕉不展丁香结，同向春风各自愁。

其二

东南日出照高楼，楼上离人唱石州。

总把春山扫眉黛，不知供得几多愁？

从清早到黄昏，柳枝几乎都在楼上等候，她的身子再也没有探出来，感觉是被哀伤拉回去似的。"楼上黄昏欲望休"，柳枝望断了玉梯也没有盼来情人，她站在阁楼上，直到一弯如钩的新月浮现在空中，映照在柳枝的头顶。

芭蕉不展丁香结，他们在同样的春风中有着各自的哀愁。

日出东方时，柳枝在楼上等候，唱着一首"石州"。石州是一首商州曲子，抒发的是女子对夫君的思念。春山扫眉黛，春山是取自《西京杂记》，里面写卓文君的眉毛如远山，青山就是眉黛，而汉明帝命宫人扫黛眉，李商隐这么写是说即使扫尽眉黛，也装不完离愁。

临别那日，柳枝偷偷从家中跑出来送李商隐，柳枝的眼中都是泪，李商隐从未见过柳枝这个样子，便不停地安慰她。

柳枝说："你不难过么？"

李商隐说："我怎么会不难过，只是你母亲要我考取了功名才能娶你，刚好马上京城会考，我去考完就回来娶你。"

柳枝说："可是世事难料，你走了，我便会失去你的消息，和上次一样无尽地等待了。"

李商隐说："不会再有无尽的等待，不过一年之期我就回来了。"

柳枝还是一脸的难过，李商隐便说，我们即将分开，不如你再为我舞一次吧，柳枝这才擦干了眼泪，缓缓舞来。

柳枝的舞步还是和以前一样轻盈，却平添了许多的哀伤，他们两人明明知道这不过是一场暂时的分别，却冥冥之中感应到幽欢佳会再也不可得。

去往京师的路上，李商隐写下一首诗。

《拟意》

怅望逢张女，迟回送阿侯。

空看小垂手，忍问大刀头。

妙选茱萸帐，平居翡翠楼。

云屏不取暖，月扇未遮羞。
上掌真何有，倾城岂自由。
楚妃交荐枕，汉后共藏阄。
夫向羊车觅，男从凤穴求。
书成祓禊帖，唱杀畔牢愁。
夜杵鸣江练，春刀解若榴。
象床穿幰网，犀帖钉窗油。
仁寿遗明镜，陈仓拂彩球。
真防舞如意，佯盖卧箜篌。
濯锦桃花水，溅裙杜若洲。
鱼儿悬宝剑，燕子合金瓯。
银箭催摇落，华筵惨去留。
几时销薄怒，从此抱离忧。
帆落啼猿峡，樽开画鹢舟。
急弦肠对断，翦蜡泪争流。
璧马谁能带，金虫不复收。
银河扑醉眼，珠串咽歌喉。
去梦随川后，来风贮石邮。
兰丛衔露重，榆荚点星稠。
解佩无遗迹，凌波有旧游。
曾来十九首，私谶咏牵牛。

李商隐回想着与柳枝初遇时的一些场景，在李商隐还在为燕台失魂落魄时却与柳枝相逢，她带走了他的悲伤，给了他无数的欢乐。

然而欢乐过后，又是一次次短暂的离别。

在这离别之中，他们只能隔楼相望，柳枝望断了上楼的阶梯，望穿了那扇关闭的院门。

这次李商隐去京师备考，一走就是几个月，他和柳枝彼此没有了对方的消息，直到冬天，让山突然来到京师。

这一天，大雪纷飞，没多久，外面的雪就垫起了一尺厚，李商隐在永崇里的屋子里烤火取暖，几声急促的敲门声响起。

李商隐心想，这天气谁会过来，打开门一看，竟然是远在洛阳的让山来了。

让山神情凝重，浑身都是雪花，李商隐赶紧让他进屋取暖，倒了一杯酒给他。

“你怎么来了？”

“我来是因为有急事告诉你。”

“是柳枝？”

“正是，柳枝母亲逼迫柳枝嫁给东诸侯，我们一家一点消息也没有，直到前几日，花轿都到门前了，我才知道，一切都晚了。”

李商隐手中的酒杯差点落地，这消息如五雷轰顶，“什么？柳枝母亲不是答应过我，要等我取得功名就把柳枝嫁给我吗？”

让山说：“当时我也认为如此，现在看来那不过是柳枝母亲的托词罢了。”

李商隐急急地问：“那柳枝呢，她可同意了？”

让山说：“这事恐怕由不得她，我看也是被逼无奈。”

“我准备准备，这就随你去洛阳。”

第二日，雪还未化，李商隐和让山便往洛阳方向而去，马蹄在雪地里踩了一串串乱七八糟的蹄印，如同此时李商隐凌乱的心。

等到了洛阳，一切确实已经晚了，婚事早就已经完毕，柳枝已住在东诸侯的家中，成了他人的妻子。

李商隐几乎崩溃，恨不能跑去东诸侯家里，拉了柳枝就跑，但他没有那么做，他不能重蹈覆辙。在让山家里，李商隐喝了个大醉，前后两次恋爱都夭折在提亲途中，这几乎让李商隐对感情绝望，也让李商隐坚定了考取功名的决心。柳枝走了，一切都结束了，然而似乎还有很多事情没有做，是李商隐答应过的，李商隐想起曾经柳枝让他为她写五首诗的事情，于是他下了笔，写了《柳枝五首》。

其一

花房与蜜脾，蜂雄挟蝶雌。

同时不同类，那复更相思。

其二

本是丁香树，春条结始生。

玉作弹棋局，中心亦不平。

其三

嘉瓜引蔓长，碧玉冰寒浆。

东陵虽五色，不忍值牙香。

其四

柳枝井上蟠，莲叶浦中干。

锦鳞与绣羽，水陆有伤残。

其五

画屏绣步障，物物自成双。

如何湖上望，只是见鸳鸯。

花房和蜜脾，雄峰和雌蝶，在对的时间相遇却是不同的身份，不同的地位让他们无法在一起，这就好比李商隐和柳枝，李商隐家境贫寒，而柳枝家中富裕，最终因这贫富差距而无法在一起。

本是丁香树，春时结花苞待开放，但李商隐与柳枝却无法像这树这花，心中不平如同“玉作弹棋局”。

碧玉破瓜代指女子年龄，也是代指年纪尚小的柳枝，嘉瓜蔓长是指李商隐对柳枝的情长。瓜被采摘，也就是说柳枝最终被东诸侯娶去了。

杨柳枝怎么会在井上攀呢，它理应在岸边飘荡，怎么在不属于自己的地方生活？这是说柳枝不喜欢东诸侯却要嫁给他，无奈地待在本不属于自己的地方。莲叶都枯干了，水中的锦鳞，天上的绣羽都为情受了伤，李商隐和柳枝都是天下可怜的有情人。

屏风中的画上，物物成双成对，李商隐的眼前还有戏水的鸳鸯，越发衬托出李商隐一个人的孤独。

李商隐渐渐接受柳枝已经嫁人的事实，准备回长安等候科举榜单。

临走前，他把诗送去了柳枝家里，没有署名，但柳枝一看便知。拿到诗的柳枝泪眼婆娑，跑回让山家中，当时，李商隐并没有住在让山家里，让山看到柳枝，非常惊讶，在让山口中，柳枝得知当天李商隐便要出发回长安。

柳枝立刻去追了，可是整条街上都没有李商隐的影子。

柳枝绝望地走在洛阳城池边，不知不觉走到了以前经常和李商隐约会的地方。

她发现李商隐正在前方。

李商隐望着远方的山岚，满眼哀伤，他心中所想，是燕台和柳枝这两段感情带来的伤害，她们被夺走得那么相似，也都那么令人无奈，而李商隐手无缚鸡之力，只能眼看着她们因为金钱和功名而被迫嫁给自己并不喜欢的人。

这个时候，柳枝却出现在他眼前，她眼中带着泪，手里拿着李商隐写的诗，柳枝对李商隐说："你总算回来了。"

李商隐："我回来了，可惜晚了。"

"那日，母亲把我锁在屋里，父亲为我心疼，我……"

"柳枝，你不用说了，都怪我。"

"不，怎么能怪你。"

"东诸侯他对你好吗？如今科举结果还没有揭晓，但即使考上了似乎也没什么意义了。我今日便要离开了，以后你就和他好好生活吧。"

"以后，你还会回来看我吗？"

"若是有机会来洛阳，必定来看你。"

柳枝破涕为笑："以后你还要为我写诗。"

李商隐说："你这女子，嫁给别人了还这么俏皮。"

柳枝说："我就是如此啊，记得要来看我。"

李商隐见柳枝过得还好，心中的悲伤有所缓和，点头答应。

柳枝不再说别的话，就转身离开了，李商隐看着柳枝的背影，如同在石城和燕台分开时一样，柳枝走进了一个他看不清的世界去了，她的背影走入了一团迷雾之中，渐渐模糊，渐渐消失。

这是李商隐的第二段感情，在准备步入婚姻之时不得不结束了，隔断他们的仍然是金钱与权力，不过他没有后悔遇到柳枝，与柳枝相恋，是柳枝让他从伤痛之中走了出来，直到和柳枝分开，李商隐没有受到特别大的伤害，反而是柳枝给了他信心，让他坚定了以举业为重的决心。自此以后，他珍惜每一份来之不易的官职，或许是他的两段不得善终的感情让他体会到当自己一无所有之时，什么都抓不住，爱情会被夺走，亲人也跟着他徒增烦恼。

开成四年，李商隐在长安城偶遇柳枝，还为柳枝写了一首《韩翃舍人即事》。

萱草含丹粉，荷花抱绿房。
鸟应悲蜀帝，蝉是怨齐王。
通内藏珠府，应官解玉坊。
桥南荀令过，十里送衣香。

柳枝身怀六甲，无意间与李商隐相遇，李商隐见到旧时恋人，既开心又心痛不已。“萱草含丹粉，荷花抱绿房”是比喻柳枝怀子的情形。蜀帝悲，悲的是柳枝被夺的事情，怨齐王，齐王是指东诸侯，柳枝如同珠宝被藏在府中，而李商隐自己如今在秘书省为官，桥南是相遇的地方，柳枝一定是闻到了衣香，所以才那么巧，出现在眼前。

后来在会昌五年，李商隐去洛阳，重访了柳枝故居，为柳枝写了最后一首诗《春雨》。

帐卧新春白袷衣，白门寥落意多违。
红楼隔雨相望冷，珠箔飘灯独自归。
远路应悲春晼晚，残宵犹得梦依稀。
玉珰缄札何由达，万里云罗一雁飞。

这个柳枝故居是让山家隔壁，红楼相望，春雨绵绵。

寂静的夜晚，李商隐穿着睡衣站在让山家院子里，小雨带来一阵阵寒风，他抬头望向旁边的阁楼，那边没有了柳枝小鸟般的身影，独独只有一盏灯笼，随风摇摆，灯笼中映照的是李商隐孤独的身影。

他低头打量了下自己，惊觉如今已是年老的模样，柳枝也不知是什么样子了。那年的情景如同隔世，如同残梦，依稀浮现，却记不清许多许多了，当年的感情如潮水般来，但又匆匆退去，什么也没留下。

如今想写封信给柳枝问问她过得好不好，然而却不知寄向哪里？

有情人总是想终成眷属的，但李商隐遭遇的是一次又一次的打击，在感情上的波折只能用学业来掩盖了，这次科举考试他志在必得，也确实非常用心，如同宋华阳所说，只要是他真正想要考取的，必定就能得到。

就是这次开成二年的科举考试，李商隐终于中了进士，原本这次坚定地来考试，是因为受了柳枝母亲的激发，在考试过程中又失去了柳枝，未达到来考试的目的，但这在得到功名之后反而变得不再重要了，从这次考试之后，李商隐的人生进入另外一个阶段，不再是一介白衣。

李商隐的人生总是如此，每一件他需要做的事情都不简单。原本普通的一件事情放在李商隐的身上，总是极其艰难，当年令狐楚带他进府，不过是想要培养李商隐为一辅助令狐绹的忠心下属，却无意间成就了李商隐骈文诗的功底。

而开成四年，李商隐的辞官，成就的是他自己从此以后各处做幕僚的羁旅漂泊。

第九卷　古来才命两相妨

在洛阳想念了柳枝很久，却没有去看望柳枝，柳枝已经是别人的妻子，而自己和王氏也已经开始了新生活，李商隐觉得没有必要再去惊扰她，更加害怕的是惊扰自己尘封许久的这份旧情。

李商隐住在王茂元的别院崇让宅，在崇让宅孤寂地住着，李商隐日夜思念远方的妻子，这一走，以后必定就是要过聚少离多的夫妻生活了。

《临发崇让宅紫薇》

一树浓姿独看来，秋庭暮雨类轻埃。

不先摇落应有待，已欲别离休更开。

桃绶含情依露井，柳绵相忆隔章台。

天涯地角同荣谢，岂要移根上苑栽。

李商隐并不愿意离开京城，若不是夹在两党之间，左右为难，也不会出此下策，若不是迫不得已，李商隐愿意永生留在京城与妻子日日相依相伴，绝不分开。

抵达洛阳时已是九月底，紫薇花期早就过了，可是如今宅里的紫薇花还未落尽，仿佛在等着李商隐到洛阳来欣赏它，难道紫薇花也预知了这一天的到来？不过李商隐在洛阳只是小住，他的目的地是湖南，因此他对紫薇说：明日我就要离开，不能再欣赏了，你休要再开花。看似是对紫薇花说，实际上李商隐是对京城说，这之中感情微妙，丝丝联系，一朵紫薇在李商隐的眼中开满了不舍，花不是花，眼前的花，是心中的京城，是感情的寄托与桥梁。

而洛阳的花和京城的花又有什么区别呢，在同样的时间盛开，在同样的时间谢落，如同李商隐自己，除了对京城的妻子好友非常不舍，待在这两个地方也没什么不一样。

李商隐旧识杨嗣复在湖南任观察使，李商隐便是要去往湖南为杨嗣复做幕僚。杨嗣复追随牛党，尽管李商隐已辞官，但这个举动还是代表他已有重回牛党的意思，在李党当政时重回牛党，确实是一个匪夷所思的，错误的决定。

武宗即位之后，牛党一再被打压，以至于李商隐所追随的杨嗣复一再被贬，李商隐也跟着杨嗣复东奔西走，不得安宁，十月到湖南之后便奉命去往南陵为两地的贸易文化做交流，在立冬前夕到达安陵，蝉声已休，霜露满枝。李商隐见如此美丽的冬季景致，写下一首诗。

《凉思》

客去波平槛，蝉休露满枝。

永怀当此节，倚立自移时。

北斗兼春远，南陵寓使迟。

天涯占梦数，疑误有新知。

李商隐在南陵认识了新知李远，志向相投，相见甚欢。

贸易交流完毕之后，李商隐便回到湘中，谁知杨嗣复又被贬去潮州，李商隐只好跟随杨嗣复一起迁移过去，在杨嗣复不断被贬之中，李商隐满心哀愁，作诗一首。

《风雨》

凄凉宝剑篇，羁泊欲穷年。

黄叶仍风雨，青楼自管弦。

新知遭薄俗，旧好隔良缘。

心断新丰酒，销愁斗几千。

凄凉，羁泊，占据了他大部分的年华，原本他娶王氏，是多么大喜之事，却因此而被令狐家误解，犯了朋党的忌讳，为了表示对令狐绹的忠心，他听从令狐绹所说来追随杨嗣复，可谁知跟着杨嗣复东奔西走，羁旅漂泊，眼看着杨嗣复渐渐被降去官职，李商隐隐隐担心自己将要去向何处，一腔热血无处可报，他开始因为眼前的哀愁产生悔意了。

后来，李商隐终于意识到自己选择的错误，乃赋一首《有感》。

中路因循我所长，古来才命两相妨。

劝君莫强安蛇足，一盏芳醪不得尝。

武宗即位，李党形势大好，牛党正被打压时，李商隐却在此刻欲与牛党人士修好，在幕主连连被降级时，李商隐才发现自己的这个选择犹如给蛇安足，多此一举，得不偿失。

李商隐说自己才命不济，事实上是他自己的政治判断不够敏锐，性格过于软弱，重回牛党放弃的不只是曾经那个不中意的弘农县尉，还有他的第二次请调的机会。

开成五年年底，李商隐便离开湖南，回长安过年。

过年时，李商隐随王氏回王茂元家团年，饭罢，王茂元叫李商隐去书房，李商隐知道是为了追随杨嗣复之事，这件事做得的确实太过草率，当年王茂元都未来得及阻止，李商隐就自己做了决定，王茂元想插手也不便，这次既然李商隐已经结束了这个错误的决定，回到了长安，王茂元准备认真和李商隐谈谈。

王茂元想知道李商隐在做这些选择时的想法，在王茂元的眼里，有一些选择是无法让人理解的。

李商隐去了书房，和王茂元说起自己年少时在令狐家，令狐楚对他的恩情，他说他早就把令狐楚当作自己父亲一般。

王茂元知道李商隐在很多时候都绕不开往日的恩情，但他还是想要告诉李商隐，在朝廷，每个人都有自己的政治角色，这个政治角色没有什么感情而言，只有支持与反对，不能因为个人感情而去做政治选择，但也不能因为政治原因伤及恩情。

要报答令狐楚的恩情有很多种方式，但是当一个人在选择自己的官职、政治思想的时候，就应该问问自己的内心，心中所认同的，所想要去追随的是谁，想要秉承的思想是什么。

李商隐深以为然。

王茂元之所以没直接让李商隐追随李党，是因为王茂元非常了解李商隐，他知道李商隐的思想是李党这边的，他只是“出生”于牛党而已。

武宗即位第二年，改年号为会昌，朝廷之中仍然是李党执政，王茂元被任命为忠武军节度使陈许观察使，李商隐追随而去，经过洛阳，仍然住崇让宅，又作一诗。

露如微霰下前池，月过回塘万竹悲。
浮世本来多聚散，红蕖何事亦离披。
悠扬归梦惟灯见，濩落生涯独酒知。
岂到白头长只尔，嵩阳松雪有心期。

崇让宅是王茂元的别院，李商隐与妻子经常在此居住，但这前后两次王氏没来。

李商隐孤寂地走在宅中，崇让宅是一处别致的庭院，院子不大，景致修建得极其精致，从圆形的石门进院，即使是冬天，也能一眼望到绿色。进门后沿着走廊往里走，左边靠着院墙，右边围着的是一片方方正正的花圃，种着各种花草，紫薇花，牡丹花，菊花在不同时令绽放，几棵松树四季长春，点缀在假山之间，假山踩着的是一汪池水，池水中锦鲤欢乐地游着，池水流往的方向是一片翠竹林，翠竹挺拔，整齐地延伸到了院外的后山，顺着走廊从左往右一直走到底，隐藏在翠竹林中的便是两间卧室了，每间卧室都带着一间会客的大堂，两间卧室中间隔着一个露天的亭子，王茂元住左边靠街一间，李商隐住右边靠山那间，一人的寂寥让李商隐每每在此都有哀叹，他曾对崇让宅中的紫薇花说已欲别离休再开，如今他又对红蕖说浮世本来多聚散，已是三十岁的李商隐惭愧自己这些年的碌碌无为，对妻子也有所亏欠。这么些年李商隐就像是钻进了感情的笼子，这感情有恩情有爱情，在这个笼子里，他始终没有理清思路，外人一目了然，李商隐却是身在其中，不知进退。好在与王氏的婚姻是美满的，无论李商隐做了什么决定，王氏对李商隐的追随无怨无悔。对仕途李商隐已无能为力，对政党之间的繁杂，人心的叵测，他始终没有找到应对之策，剪不断理还乱的政治场早就让李商隐妥协了，人生最后只留下一个心愿，那便是有朝一日，能与妻子归隐嵩阳，与松雪为伴，日月为照，同心同乐，白头偕老。

李商隐在陈许为王茂元做幕僚，相处融洽，只可惜王氏不在陈许在长安，李商隐工作得再愉快，也觉得少了王氏的生活不完整。

一日，天有小雨，哗哗滴落在陈许府院中的花草上，花草被小雨轻轻冲刷，恍如洗过一般，碧草青青，摇曳如烟，和雨中的樊南家院一模一样！于是便勾起了李商隐对家的思念，不知妻子是否也正站在廊上听雨观亭？

他拿来纸笔，想写一首诗寄回长安，这便是《细雨》。

萧洒傍回汀，依微过短亭。

气凉先动竹，点细未开萍。

稍促高高燕，微疏的的萤。
故园烟草色，仍近五门青。

《细雨》写的是李商隐对妻子的思念。雨在院子中挥洒，在亭阁中游走，李商隐的思念也是如此悠长绵延。崇让宅中有万竹，细雨在竹间滴落，如针线穿过。稍促高高燕，微疏的的萤，皆是描写雨之细，细雨与思念一起游走，最后停留在雨中的草地上，崇让宅与故园的草地，多么相似。

中秋佳节倍思亲，李商隐在中秋夜又写了《月夕》。

《月夕》
草下阴虫叶上霜，朱栏迢递压湖光。
兔寒蟾冷桂花白，此夜姮娥应断肠。

他把妻子比作嫦娥，嫦娥在月宫非常孤寂，李商隐又再次从他思念之人的角度出发写诗，实际上是抒发了自己对妻子的思念。

李商隐在陈许，王氏在长安，他们一直保持着每月通信一次的习惯。直到秋季，有一段日子，天气异常寒冷，李商隐久久没有收到回信，太久没有收到王氏回信的李商隐忐忑不安，但也只能怪道路太长，距离太远。收不到回信，李商隐只能多写几封送过去，这便是：

《端居》

远书归梦两悠悠，只有空床敌素秋。

阶下青苔与红树，雨中寥落月中愁。

空床敌素秋，如何敌得过？秋季寒冷，空床只会更冷，两厢寒冷，无处可抵，雨中寥落，月中愁，冷上加冷，愁中更愁。

第十卷　身无彩凤双飞翼

一晚又一晚的寂寥在秋季结束时终于熬过了，李商隐工作结束，可以归家了。会昌元年冬季，李商隐辞别王茂元，回到长安，等待来年的请调。

这一次请调，李商隐是踏踏实实靠在李党这边的，李党当政，李商隐依靠在王茂元的身后，形势大好，他重拾请调信心，做好了再入秘书省的准备。

《莫愁》

雪中梅下与谁期？

梅雪相兼一万枝。

若是石城无艇子，

莫愁还自有愁时。

莫愁就是不用愁的意思。雪中梅下，梅雪相兼，象征此次请调并非孤军作战，雪中梅才会有万枝之景象。“若是石城无艇子”此次请调，朝中已有人接应，此人是王茂元所追随的李德裕。李德裕为当朝宰相，他早知李商隐文才兼备，非常愿意引荐，因此还未宣布结果，李商隐便胸有成竹地写下此首《莫愁》，满心欢喜。

政治立场明确，党派追随正确，背有靠山，心不动摇，仕途便会走得顺顺当当。果不其然，第二年春季，李商隐被授以秘书省正字。再入秘书省，李商隐心情大好，他觉得如今官职适合，且与令狐绹也早已修好，就不管别的牛党分子如何评他了，他只独独担心自己这么顺利，万一别人嫉妒怎么办？所以每当李商隐心生骄傲之时，还是会立刻打消念头，警醒自己，在朝廷仍然需要小心为事较好。

他此时的心情都浓缩在他写的诗《蝶》中。

孤蝶小徘徊，翩翾粉翅开。
并应伤皎洁，频近雪中来。

孤蝶暗喻李商隐自己，孤蝶独自飞，窄径曾徘徊，在两党中徘徊的李商隐现在已坚定地靠拢李党，粉翅与雪色相近，李商隐的政治思想与李党同，政治志向与李党齐，终于找对了自己的位置，不再徘徊。不过朝中也不是李党一派的天下，越是皎洁越容易被人伤，谁知牛党还有什么阴谋诡计？

李商隐的担心是正确的，令狐绹本来就是假意与李商隐和好，当年武宗即位，牛党失势，令狐绹刻意拉拢李商隐，如今李商隐又靠李党得秘书省的职位，令狐绹怎么肯给李商隐好脸色？

此时令狐绹的职位是户部员外郎，李商隐目前是和令狐绹平起平坐的。

一日李商隐在宫中行走，恰巧与令狐绹相遇，李商隐还想寒暄几句，令狐绹却一脸鄙夷地避开，他躲避得太过明显，让李商隐非常尴尬。李商隐又投靠李党，还通过李党的引荐才得到这个职位，这件事情又惹起了令狐绹的不满。李商隐看到令狐绹这样的眼色，心中泛起一丝难过，但这次他没有急着解释，而是写了一首诗给令狐绹，令狐绹字子直，这首诗便是：

《赠子直花下》

池光忽隐墙，花气乱侵房。

屏缘蝶留粉，窗油蜂印黄。

官书推小吏，侍史从清郎。

并马更吟去，寻思有底忙。

所以事实就是无论令狐绹对李商隐的态度如何，李商隐从未想要放弃这段情谊，这种从小养成的感情是扎根在李商隐心中的，他不会敌视令狐绹，即使之后也遇到许多志同道合的好友，但都与这种感情不一样。令狐绹敌对他也好，迫害他也好，李商隐看着令狐绹就有不一样的情愫，在李商隐的心里，令狐绹是相当于他兄弟的。

兄弟之间可以吵架，可以心生芥蒂，但不会因此而丢弃这段情谊，若是有外人伤及，还有可能会同心协力，提携对方一次。

所以在这之后，当李商隐失去了经济来源的时候，令狐绹也没有坐视不管，他为李商隐安排官职，却不给权力，可权力有什么重要，能够有经济保障，过安生的日子，已经是很大的帮助了。

一日，李德裕设宴，邀请王茂元等同僚参加，李商隐作为王茂元的女婿一起参宴。席间李商隐终于见到自己所崇拜的李德裕，这位大人物在李商隐的心中威望极高，早年李商隐就拜读李德裕的文章，赞同李德裕的政治思想，敬仰李德裕对人才的提拔之公正，而且这次李商隐可以重回秘书省，也是李德裕的功劳，此番得以相见，李商隐心潮澎湃。李德裕虽为宰相，但从他的言谈举止之中，可以感受到李德裕的亲和力，李德裕在席间一一接受敬酒，李商隐端起酒杯时还很紧张，李德裕看出来了，于是李德裕走到李商隐的面前时，忽然吟起一首诗：

历览前贤国与家，成由勤俭破由奢。
何须琥珀方为枕，岂得真珠始是车。
运去不逢青海马，力穷难拔蜀山蛇。
几人曾预南薰曲，终古苍梧哭翠华。

这是李商隐曾经在长安写的《咏史》！心中敬仰的大人物竟然记得他李商隐写的诗，还一字不漏地念了出来！李商隐心中的兴奋都要溢出来了，李德裕吟完这首诗，对李商隐说：“真是一首千古好诗。我先干为敬！”

李商隐赶快把自己的酒喝掉，说：“不敢不敢，我敬宰相才对。”

敬完了酒，李商隐又说：“承蒙宰相厚爱，若不是有您的提拔，有您这般胸怀，谁会知道我这首无名小诗。”

“此言差矣，这不是一首无名小诗，而是会流传千古的，和你相比，我不过是历史中的小人物，而你，终究会流芳百世，你的诗会被后人所知所赞所学。”李德裕的话里透露的是他对人才的敬重，这便是李党崇尚的思想之一，也是李党的魅力所在，他们亲近庶族，对人才的赏罚提拔不分出身贵贱，不论出处。这种思想才是大智大慧，与牛党固守大地主阶级的立场形成鲜明的对比。

李商隐被宰相夸得受宠若惊，而这首咏史诗，也确实成为千古绝唱，流传至今。

这首诗是当年文宗驾崩时，李商隐有感而发写下的，文宗崇尚节俭的治国之道，但是这对治理一个大国来说，还不够。李德裕没细讲诗中所写的具体事迹，只论诗，是因为这位宰相对才华和政治立场之间的区分，对天下人才的博大胸怀。对人才来说，这是一种无界限的提拔，只论才华，不谈政治，这样的提拔对李商隐来说是极其适用的。

在朝堂之上，能受百姓尊崇的大人物，都是胸怀宽广不受限的，他们能看到更深层次的东西，不浮于表面，不以自我的喜好为国之喜好，对任何有才之人，都保持着一颗尊敬的心。

李商隐回到家后，脑中一直回荡着李德裕的话语，直到夜深。

第二日，清早起床，李商隐写下无题诗之“昨夜星辰昨夜风”。

《无题》

昨夜星辰昨夜风，画楼西畔桂堂东。

身无彩凤双飞翼，心有灵犀一点通。

隔座送钩春酒暖，分曹射覆蜡灯红。

嗟余听鼓应官去，走马兰台类转蓬。

尽管昨夜的宴会上，李商隐与李德裕隔席而坐，但从寥寥数语中他感到与李相那么的投缘，心中所想，心有灵犀一点通。李商隐愿意用余生追随这位宰相，希望宰相能够提携他。

坚定地追随李德裕，但对朝廷中的牛党仍然还须小心对待，李商隐自然不必过分在意他人的眼光，在职位上做好自己的事情便可，有李相庇佑，牛党也无法作祟。但除此党争迫害之外，李商隐的命运也从来都不是顺畅的，因为贫穷。秘书省的职位薪资较低，李商隐家中除了妻子女儿还有兄弟等人，他们的生计都依靠在李商隐一个人的身上，这微薄的秘书省收入无法养活一大家子人，李商隐与王氏身体都不是很好，王氏常年服药，不能劳累，女儿需要请人照顾，王氏带来的婢女一直都在身边，李商隐的经济负担很重，李商隐的妻子出自大户人家，李商隐不愿让王氏过得太清贫，王氏其实不在乎这些，只是李商隐心中有愧，总想让妻子过得好一点，他曾以王氏所陪嫁婢女为题材作一诗。

《赠荷花》

世间花叶不相伦，花入金盆叶作尘。

惟有绿荷红菡萏，卷舒开合任天真。

此花此叶常相映，翠减红衰愁杀人。

李商隐认为王氏与婢女一起嫁过来却过上了不如以往的生活，他在诗中写世上人都爱花却忽略了绿叶，但花如果没有绿叶的映衬反而显得美中不足，花的好看是因为绿叶与之相配，若是绿叶有残缺，花也不够完整。花是指王氏，叶是指陪嫁的婢女，如今她们一同嫁过来，却是翠减红衰，跟着李商隐过苦日子，让李商隐非常疼惜，王氏贤惠，李商隐自叹没有担起一个好相公的责任。

《赠荷花》表面上看是在咏荷叶，实际上却是写花，表面上写荷叶与荷花，实际上是说家中贫困，苦了嫁过来的妻子，李商隐的感情之丰富就如同这首诗的比喻，一层又一层，但再丰富的感情若没有诗之精妙，也无法正确地表达出来。诗人恰好有这样的感情，便造就了这样的情诗，让人沉迷其中，久久思考，这之中的情，明明呼之欲出，却没有一个字是直接描写感情的。

情折磨人，读李商隐的诗更折磨人，若是李商隐还在世，必定有人想问个究竟：“你脑中的字是否已经不是字，而是万物？你眼中的万物是否已经不是万物，而是万情？你是否将你的心揉碎了，碾成了墨汁，才写出这样扣人心弦的情诗？”

第十一卷　幽居冬暮

李商隐的母亲极其疼爱王氏，自从王氏嫁给李商隐，就把王氏当作自己的女儿一样对待。她和李商隐一样觉得王氏嫁过来吃了苦，所以只要有李母的时候，从来不肯让王氏做任何家务，但李母一直患病，身体时好时坏，让人担忧。

造化弄人的是，李商隐在秘书省当值还不到一年，李母病情急剧恶化，没有熬过冬天，去世了。母亲去世，李商隐必须去官守丧，这对刚刚得到秘书省职位的李商隐是一次多重的打击。

母亲的离世，让李商隐悲痛不已，他想起儿时要去学道，跪在母亲面前说过的话，他要让母亲过上衣食无忧的好日子，而如今，仕途刚刚有一点起色，母亲却走了，母亲没能过上好日子便撒手人寰，李商隐痛斥自己不孝，悲从中来，跪在母亲灵柩前久久不起。

母丧，李商隐便要罢职守孝，秘书省职位不保，家中唯一的收入就要停了，生活更加窘迫。

若是没有王氏，不知李商隐还是否可以重新振作起来，每当生活艰苦之时，王氏是李商隐坚持下去的理由和精神支柱。俸禄停发，李商隐一家清贫如洗，王氏偷偷拿来娘家的东西换些银钱，每次都换得不多，钗子当了，耳环当了，就这样挨过守丧的时日。

母丧之后，职位无，俸禄无，李商隐又回到儿时吃了上顿没下顿的生活，为生活操心的李商隐忽然就苍老了。王氏也是一直抱病在身，家中境况不佳，李商隐愁从心生，写下一首《幽居冬暮》。

羽翼摧残日，郊园寂寞时。
晓鸡惊树雪，寒鹜守冰池。
急景忽云暮，颓年浸已衰。
如何匡国分，不与夙心期。

还记得年初李商隐写下的《莫愁》吧？这才一年不到，生活就发生了一个大转折，世事无常，生活不易。

李商隐从儿时到现在，一直都在受人接济，一身才华没能换来半点经济收入，还险些被党争所害，李商隐就是错把许多本应理智对待的事情掺杂了感情进去，对令狐绹的感情就是一种错误。重视感情没有错，但情在政治场中是把双刃剑，使某些人深受其害。

李商隐沉陷在失母的悲痛中，家中一切都是王氏在打理，后事的准备，接待吊唁的好友，都是王氏站在李商隐的前面，当李商隐终于从悲痛中清醒过来，他望着忙碌的妻子，双手握起妻子的手，抚摸着，发现比以往粗糙了许多，他心疼地对妻子说："你嫁过来的时候，有一双弹奏锦瑟的玉手，有着纤纤细指，本不该为我受苦，如今却把我所有的苦都带给了你。若是……"

王氏笑了下，止住了李商隐接下来要说的话："夫君这是什么话，夫妻本就是有福同享，有难同当，我嫁给你，是欣赏你的才华，如今还是。我不是为好日子才嫁给你的，也不会因为过得不好而离去。"

王氏越是说得轻松，李商隐便越是愧疚，面对如此体贴的妻子，怎么忍心不努力对她好，若是只有自己一人，早就抛弃世事，去山中道观隐匿于世了，但为了妻子家人，便忘却政治场的黑暗，只当是谋生所迫吧。

李母逝世，令狐绹没有来，李商隐有一丝失望，但比起失去母亲的悲痛来说，也不值一提了。

从人生的高处跌到谷底，这之中的滋味让人难受，在樊南闲居，一日，夕阳西下，李商隐无事便去长安城中走走，他走在大街上，走着走着，便觉得长安城就像是一处戏台，而自己是一个看戏之人，他见眼前有人在笑，有人在哭，有人红光满面，有人一脸哀愁，人生无常，人世不平，他突然认为欢喜全靠运气，悲苦才是人生常态，人生之路便是由悲苦铺成的，得意只是这条路上偶尔开的几朵小花而已，几日便会凋谢，重归荒凉。

花开花谢一念之间，在得意之时不喜，在坎坷之时不忧，如此才能安稳地度完一生。

眼前景便是心中诗，于是作《即日》。

《即日》

小苑试春衣，高楼倚暮晖。

夭桃惟是笑，舞蝶不空飞。

赤岭久无耗，鸿门犹合围。

几家缘锦字，含泪坐鸳机。

这长安城中的人们各自过着各自的生活，经历着不同的悲欢离合，有富家少女开心地在小苑试春天刚做的新衣服，在自家的高楼处观赏夕阳余晖，在自家的花园里看着蝴蝶飞舞，看花听风，乐事多多，也有穷困的家庭，苦等着远方亲人的消息，日日以泪洗面，却不得不对生活低下头，即使鸳机锦成也不知寄往何处。

人生百相都在此城中，有喜就有悲，李商隐就是这样安慰自己，愁完了，思完了，还是不得不为俸禄、为活着而继续走下去。

会昌三年，王茂元调任河阳节度使，见李商隐无事可做，就写信邀请李商隐去做幕僚，李商隐当然是求之不得。

由于在家闲居，收入早就断了，于是欣然答应。在出关前，住盘豆馆，路遇从芦，写一诗。

《出关宿盘豆馆对丛芦有感》

芦叶梢梢夏景深，邮亭暂欲洒尘襟。

昔年曾是江南客，此日初为关外心。

思子台边风自急，玉娘湖上月应沉。

清声不远行人去，一世荒城伴夜砧。

对世事的无奈，对身世的悲叹，都在此诗中。

抵达河阳之后，和以往一样，李商隐还是为王茂元作书表，他记得一年前也是这样，在这一年里，他被调往秘书省，他的母亲离世，这些事情恍若一梦。

几月后王茂元奉旨带兵，李商隐因为不懂得兵家之事，只好离开了河阳，回到樊南。

回到樊南没多久，没想到突然传来王茂元在怀州离世的消息，王茂元突发心脏疾病，卒于任上。李商隐和妻子得到这噩耗之后，如五雷轰顶，王氏几乎哭成了泪人，在李商隐的搀扶下急急忙忙赶往怀州去料理后事。家中连连遭遇丧事，连连遭遇打击，这让身体虚弱的李商隐和王氏差点撑不下去。

抵达怀州之后，为吊唁王茂元，李商隐为王茂元写了祭文《祭外舅赠司徒公文》。

王茂元对待李商隐的态度不只是女婿的关系，也有提拔和欣赏，在李商隐遭遇牛党打击时，是王茂元给李商隐提供了工作的机会，王茂元对李商隐来说，是有知遇之恩的，他是李商隐的恩人之一，他们在一起工作之时，是愉悦的，王茂元对李商隐是欣赏与尊敬的，李商隐自然也是如此。因此王茂元的离世让李商隐极其悲痛，这在他为王茂元写的祭文中都有体现。

第十二卷　陶令篱边色

丧事完毕之后，有很长一段时间，李商隐仍然没有得到一份工作，于是家中无半分收入，李商隐心急如焚。一日李商隐收到旧友李石的书信，李石也是看李商隐在家无事，想问他何不随他去太原，帮他出谋划策？此时正是李商隐想要谋事的时候，便立即启程北上前往太原。

抵达太原之后，家中的经济危机暂时缓解下来，虽然王氏在长安仍然过着紧衣缩食的生活，但日子渐渐回到正轨之上。

李商隐在太原的工作说不上愉悦，但也不繁忙，但因为解了李商隐一家的燃眉之急，李商隐对此时向他发出邀请的李石非常感谢。在太原任上，李商隐积极辅佐李石，报答恩人。

几月之后，太原工作进入清闲阶段，恰逢此时，李商隐收到闲居永乐的刘评事寄来的诗作，永乐县的地理位置大概在如今的山西省西南端，离太原远，却离郑州近。李商隐也写诗一首，以应和刘评事。

《和刘评事永乐闲居见寄》

白社幽闲君暂居，青云器业我全疏。

看封谏草归鸾掖，尚贲衡门待鹤书。

莲耸碧峰关路近，荷翻翠扇水堂虚。

自探典籍忘名利，欹枕时惊落蠹鱼。

刘评事讲永乐之幽闲，让李商隐非常羡慕，现主李石在永乐有故宅，依山傍水，怡然宁静，是居住的好地方，愿意借给李商隐居住。李商隐为诗所动心，生出移家永乐的想法。

于是在会昌四年，李商隐在总算有了一点积蓄的前提下，通过李石的帮助，带着妻子离开了安家四年的樊南，去往永乐。

由长安往永乐，行经怀州，李商隐便顺路回故里重游。

故乡种种场景，让李商隐回忆翻涌，这回忆大部分都与燕台有关。

想去看看燕台，可惜燕台早就不知去往何方，故乡四处都是燕台的影子。一日，李商隐不知不觉就走到了燕台的故居，燕台家离李商隐家不远，李商隐站在离燕台家一百米处远远眺望，想念曾经的日子，想念燕台的笑，年少时的那一份悸动此刻都回来了。

燕台故居的周围到处都有燕台的影子，多少个黄昏，她穿着对襟裙子向李商隐款款走来，多少个黑夜，燕台依依不舍地回家，李商隐不敢送燕台到门口，只敢站在稍远处的墙角目送，燕台走几步回头，李商隐还在，直到燕台母亲看到了燕台，唤燕台了，燕台才进屋，李商隐才安心回家。

从家乡人口中听说，燕台流落到了吴中，被富商抛弃，卖进了妓院。这消息让李商隐心痛不已，为燕台写下有名的《河内》诗。

鼍鼓沉沉虬水咽，秦丝不上蛮弦绝。

常娥衣薄不禁寒，蟾蜍夜艳秋河月。
碧城冷落空蒙烟，帘轻幕重金钩栏。
灵香不下两皇子，孤星直上相风竿。
八桂林边九芝草，短襟小鬓相逢道。
入门暗数一千春，愿去闰年留月小。
栀子交加香蓼繁，停辛伫苦留待君。
阊门日下吴歌远，陂路绿菱香满满。
后溪暗起鲤鱼风，船旗闪断芙蓉干。
倾身奉君畏身轻，双桡两桨樽酒清。
莫因风雨罢团扇，此曲断肠惟北声。
低楼小径城南道，犹自金鞍对芳草。

李商隐在怀念年少的时光，回想与燕台的两次幽会场景。第一次是相遇，燕台梳着小鬓穿着对襟衣服，正要下楼，而李商隐正要上楼，便遇上了，这楼是在桃花林中，燕台楚楚动人，李商隐不禁久久注视她。第二次是李商隐与燕台划船，湖中绿菱满香，燕台舞姿动人，舞罢，燕台要倾身给李商隐，但又担心自己身份卑微配不上他，李商隐不顾这些，和燕台在一起了。

后来证明燕台心里的都是胡思乱想，李商隐对燕台的爱不比燕台对李商隐的爱少，只是一对佳人终不敌现实，被硬硬拆散，不得善终。

李商隐总是很容易陷入回忆之中，回忆常常是美好的，但李商隐的回忆大多不是，初恋燕台被抢夺，情人柳枝嫁给了别人，与知己宋华阳的感情不了了之，这些都不是什么美满的回忆。如今有王氏在身边的日子才是最好的日子，可是李商隐又很容易对旧人旧物动容，这是他婉约的性格所致，李商隐还是经常会写关于旧情的诗，王氏从不介意这些，她懂李商隐，诗就是诗，和其他无关，即使诗中情至真至深，那也只是对过眼云烟的回望而已，旧情能够存在于诗句中，出现在梦里，可在现实里已失去了。

在怀州住了几日，遍访了怀州的亲朋好友。怀州的亲朋好友们都特别热情，李商隐一家回怀州，几乎每天都不在家里吃饭，顿顿都有人邀请，吃完还不忘让李商隐拿些特产带走。临走时李商隐才发现，行李中多了许多老乡赠送的特产，马车上的东西越来越多，李商隐也不再停留，径直赶路，想早日卸下家什，一路奔波，也是累了。

马车渐渐到达永乐，随着马车的脚步，头顶上的天仿佛明朗了起来，人烟稀少起来，路边的绿色多了起来，道路两边绿树成荫，抬起头远远望去是绿油油的梯田，几处冒着炊烟的小屋在青山之中特别安宁，李商隐心想：看来这便是永乐了，果然如同刘评事所说，是一处美妙的世外桃源。

世外桃源之所以让人神往，不是因为它隐蔽，而是因为大部分人并不愿意在这里居住，这便给大自然留下了人烟的空白，让世外桃源的树木花草格外茂盛，这样的土地是滋养灵魂的。李商隐选择永乐是选对了，一家人迫不及待要融入这世外桃源的生活了。

李商隐坐到马车的前端，大喝了一声，想让马车走快一点。

行走在去往永乐的小路上，就像是慢慢走进一幅绿油油的山水画，连甚少雀跃的王氏都露出喜悦急切之情。

尽管永乐的村子就在眼前，但李商隐一行还是绕了半个时辰才抵达李石为其安排的院子，这院子比樊南的农家院子还要大，一进院子，首先映入眼帘的是一棵桃树，永乐家家户户门口都有桃树，真是应了“世外桃源”一词！桃树下有一口井，一看就是一处农家人自给自足的院落，院子西边是一大块农田，农田后有一矮山为伴，山顶云雾缭绕，空气清新，进了屋子，李商隐发现和外面截然不同，布置得古色古香，书房，客厅一应俱全，不愧是李石的别院。

王氏本身就讨厌迁徙，见这里如此适宜养老养生，便对李商隐说：“后半生就住这里，不走了吧。”

李商隐说：“我也有此想法。”

他们把马车上的东西都卸了下来，花了大半天时间打扫、布置院子，直到晚上王氏做了饭菜，院子总算有了一些烟火气息。

晚上趁着烛光，李商隐写下一首《大卤平后移家到永乐县居书怀十韵，寄刘韦二前辈，二公尝于此县寄居》。

驱马绕河干，家山照露寒。依然五柳在，况值百花残。
昔去惊投笔，今来分挂冠。不忧悬磬乏，乍喜覆盂安。
甑破宁回顾，舟沉岂暇看。脱身离虎口，移疾就猪肝。
鬓入新年白，颜无旧日丹。自悲秋获少，谁惧夏畦难。
逸志忘鸿鹄，清香披蕙兰。还持一杯酒，坐想二公欢。

李商隐将近况描述了一番，然后寄予二公，想和他们分享此时的喜悦，如此美景，若是有好友来访，在树下喝酒畅谈，实在是人生的快事。

永乐的小院实在应该种满鲜花，使人与蝴蝶蜜蜂为伴，以赏山景度闲日为乐。

《自喜》

自喜蜗牛舍，兼容燕子巢。

绿筠遗粉箨，红药绽香苞。

虎过遥知阱，鱼来且佐庖。

慢行成酩酊，邻壁有松醪。

他把永乐的宅院比作蜗牛舍，尽管是蜗牛舍，却还有燕子在这里筑巢，李商隐特别喜欢这样的院子。

第二日，李商隐就去了街上，搜罗了许多的花花草草，特别是把一大片菊花种在了院子里，待一切安排妥当之后，泡一壶茶，安坐在院子中央的藤椅上，乘着桃花树下的阴凉，看看远处的山，近处的花草，日子过得安逸自在。

转眼入秋，八月上旬，李商隐暂离永乐，为家中祖母合葬一事奔波于怀州和郑州之间，回怀州后又听闻燕台在吴中过得并不好，故为她写下一首《湖中》。

阊门日下吴歌远，陂路绿菱香满满。

后溪暗起鲤鱼风，船旗闪断芙蓉干。

倾身奉君畏身轻，双桡两桨樽酒清。
莫因风雨罢团扇，此曲断肠惟北声。
低楼小径城南道，独自金鞍对芳草。

他想到燕台在吴中的可怜样子，倾身事人，跳舞唱曲，却时时都在担心自己会不会再被抛弃，燕台就像是一件物品一样，轻易就会因为失去自己的价值而失去一切，她无奈地苟活于世，不停地讨好新主人，做得不好就会被打骂，被欺凌。纤纤的燕台让李商隐怜惜担忧，故而每次经过怀州都要为她作诗，抒发忧虑而又无能为力的心情。

等到李商隐在怀州处理完毕家事回到永乐，正是八月中旬秋高气爽的时候，先前李商隐种下的菊花已盛开，一朵连着一朵，颜色美丽，令人赏心悦目，李商隐一边在篱边给菊花浇水，一边吟起一首诗：

《菊》
暗暗淡淡紫，融融冶冶黄。
陶令篱边色，罗含宅里香。
几时禁重露，实是怯残阳。
愿泛金鹦鹉，升君白玉堂。

李商隐所种菊花有暗暗淡淡的紫色，有融融冶冶的黄色，无论是紫色的菊花还是黄色的，都有一股子清香，飘过篱笆，淡淡地飘进房间，菊花本身就是一味中药，这种味道的药不需要服下，闻闻便可防疾。用来观赏也好，随便摘下一两朵泡茶也好，功能多样，这菊花实在是一种价值极高的花。然而后面四句表面上写花，实际上是写了李商隐自己，从李商隐的前几十年的人生轨迹就可以看出，李商隐不是陶渊明一般的人物，住不了世外桃源，他不是高僧，还未能看破红尘，在尘世中，他离不开朝廷，逃不脱政党，而之所以逃不脱尘世的真正原因，是因为李商隐自己喜欢啊。田野生活，初来新鲜，但李商隐对尘世有渴求有欲望，时间一长，又难免觉得这里的生活寡淡了一些，这里日出而作，日落而息，没有歌舞，夜晚安静得可怕，若是稍微闲了一天，那么夜晚李商隐是肯定睡不着的。刚来的时候，外面下雨，李商隐便怔怔看雨滴清洗山林的样子，原本就爽朗的永乐天空变得更加清晰了，令人心旷神怡。若是外面骄阳似火，李商隐便躲在院子阴凉下的井口，吹着深井冒出的冷气。但慢慢地，便习惯了这些，日复一日，觉得永乐和长安城并没有什么不一样，甚至比长安城无趣了太多，他开始怀念长安城的热闹，长安城的各种小吃，歌舞坊里的曲子，甚至怀念长安城中急促的阵雨，让人心慌。而在永乐，心如止水，人生一眼就看到了尽头，生活轻松得飘飘然，也越发乏味了。不管怎样，长安城，那是与李商隐前半生联系密切的地方，是让李商隐几度欢喜几度哀的重地。

在永乐见桐叶纷纷落下，槿花凋谢，他心生感触，写下一首《秋日晚思》。

桐槿日零落，雨馀方寂寥。

枕寒庄蝶去，窗冷胤萤销。

取适琴将酒，忘名牧与樵。

平生有游旧，一一在烟霄。

雨后，在零落的桐叶槿花里，李商隐感到万分寂寥，心情落寞得只好用琴与酒来取适，回想以往的日子，仿佛都消失在烟霄之中了。

在永乐居住，李商隐像农夫一般，盼雨盼秋收，一早便去田间地头，他自己家没种什么庄稼，但他乐于帮助邻居，直到中午要吃饭了才回来，裤脚卷到膝盖处，双腿往往沾满泥巴，回家之后就在井边冲洗，等着王氏叫他吃饭。

田间的生活确实惬意，不必对着复杂的人，给花花草草浇水施肥，花花草草就回报一季的绿色与芳香，春天播了种，秋天的时候便能吃到最新鲜的蔬果，这和与人打交道比起来，就显得简单舒畅多了。与人讲话得小心翼翼，对人好也不一定能收到同等的回报，田间的东西就不一样，回报的往往都比自己付出的多，这只让人对大自然心生感恩，而在人群中待得多了只会患上疑心病。

这只是与人群对比，更何况李商隐以往是与政治场里的人打交道。政治场是复杂人物的聚集地，每个人说的每个字都包含着无数隐晦的含义，若是听不懂，还不能直接去问，不像植物，蔫了是缺水，黄了是缺肥。若是去问人为何这么说，他要么就不回答，要么就不直接回答，你要去猜，有时一句话足够你猜一晚上，或者怎么猜也不得要领，有时一句话猜错了，便莫名地被陷害，甚至掉了脑袋。

田间的植物只要被照料到了，便和谐生长，可人又不一样了。面对有的人，你对他好，他反而会怀疑你有什么企图，而且容易引起别人的嫉妒，别人见不得你好，就想方设法迫害你，或者想方设法地攻击他人，仿佛此一人要把全世界踩于脚下才能安生。

在永乐闲居，李商隐没事就和邻居们一起上山下地，邻居们都说李商隐不像是个农民，倒像是县衙里的官，说起话来文绉绉的，是个斯文人的样子。这时，李商隐往往会写诗相赠，只说自己是个文人，不说自己来历，也不说曾经为官。

秋天过去，李商隐一家在永乐的农家院子里迎来第一个冬天，天气刚刚转凉，王氏就期盼着能下一场雪，好看看这世外桃源披上白色外衣的样子，永乐自然是比城里要冷的，若是下大雪，雪景一定不负所望。

临近除夕，大雪如期而至，它静悄悄地降临在永乐的夜晚，趁着人们都在梦乡，辛苦地挥洒堆积，好在第二天一早就给人们一场银白色的惊喜。

清早，大街上传来铲雪的声音，有人在咳嗽，有人在谈笑，李商隐知道一定是昨晚雪来了，王氏早早就起了床，透过窗户好奇地打量外面的世界，李商隐觉得此时王氏像个小孩一般。

他起床走到堂屋，发现堂屋中央有很大一盆火，王氏走了过来，说今天下雪冷，就把厨房里烧好的炭盆搬过来了，这样屋里暖和，堂屋大门开着，雪已经没在下了，地上垫了一尺厚的雪，李商隐坐到火盆旁边烤火看外面，王氏去端来早饭。

吃完早饭，李商隐对王氏说："我们出去走走吧，看看雪景。"

"正有此意。"

王氏回身去房内拿来厚实的披风给李商隐穿上，两人便出了门，门前的桃树突兀的枝丫上挂着一朵朵雪做的花，水井边上垂着一圈冰溜子，李商隐和王氏走在路上，踩在雪地上发出吱呀吱呀的声音，两人已经很久没有如此惬意地出门欣赏风景了。

他们走过农田，想去山脚下看看，刚好走到田埂上，雪花又开始飘了，李商隐跟在王氏的身后，看王氏的头发上渐渐停满雪花，不仔细看，会觉得王氏头发发白，李商隐想到王氏跟着他慢慢年老的样子，心中泛起一丝哀伤。

李商隐叫了一声王氏，让她走到他身后，好踩着他的脚印前行。

这路明明就比平时难走，但人的心情却比平时好许多，可见人是会为大自然的壮丽而感动的，这是生而为人的本能，会想要去亲近山河，亲近树草，春天静待细雨，夏天池边赏荷，秋天观萧萧落叶，冬季盼雪至，才不枉此生走过人间四季。永乐山脚下，有许多散乱的大碎石块，有的被埋进雪中，有的裸露着，王氏找了一块大一点的石头，坐在上面歇脚，“这里真美啊。”王氏禁不住赞叹。

李商隐望着王氏，她身穿大红色的披风，在银白色的山脚下，像是一朵骄傲的花，不惧寒雪，独自绽放，妖艳又清高。

王氏捧起双手，呵了一口气，她的皮肤本来就好，如今被冻得白里透红，玲珑剔透。

王氏这个样子打动了李商隐的心，他为拥有如此美貌的妻子而欣喜。

坐了一会儿，他们也累了，便慢悠悠往回走了。

这一晚，李商隐写下《喜雪》。

朔雪自龙沙，呈祥势可嘉。有田皆种玉，无树不开花。班扇慵裁素，曹衣讵比麻。鹅归逸少宅，鹤满令威家。寂寞门扉掩，依稀履迹斜。人疑游面市，马似困盐车。洛水妃虚妒，姑山客漫夸。联辞虽许谢，和曲本惭巴。粉署闱全隔，霜台路正赊。此时倾贺酒，相望在京华。

雪中的永乐美到了极致，清冷幽雅，却不像京城的繁华，能撩拨起李商隐对尘世的渴望。“此时倾贺酒，相望在京华”，李商隐对京华遥远地想念着。

还有一首《残雪》，乃是他在雪化时所写。

《残雪》

旭日开晴色，寒空失素尘。绕墙全剥粉，傍井渐消银。刻兽摧盐虎，为山倒玉人。珠还犹照魏，璧碎尚留秦。落日惊侵昼，馀光误惜春。檐冰滴鹅管，屋瓦镂鱼鳞。岭霁岚光坼，松暄翠粒新。拥林愁拂尽，著砌恐行频。焦寝忻无患，梁园去有因。莫能知帝力，空此荷平均。

李商隐咏雪，其实是在盼雪，他在观看雪化及忆雪中抒发了自己对京城的思念。雪花从天而落，每一处都是相同的，雪花对大地，像是不断地为其穿上一层又一层薄厚相等的外衣，不偏不倚，不多不少，房顶上的一层积雪，永远是平整的，只会因为瓦片的幅度而变化。雪对待万物那么公平，人世却不那么公平，命运不公，生活总是高低起伏，动荡不安。

《忆雪》

爱景人方乐，同雪候稍愆。徒闻周雅什，愿赋朔风篇。欲俟千箱庆，须资六出妍。咏留飞絮后，歌唱落梅前。庭树思琼蕊，妆楼认粉绵。瑞邀盈尺日，丰待两岐年。预约延枚酒，虚乘访戴船。映书孤志业，披氅阻神仙。几向霜阶步，频将月幌褰。玉京应已足，白屋但颙然。

就快要过年了，这一年漫长安稳，却不是李商隐真正想要的样子。

第十三卷　眼穿仍欲归

会昌五年正月十五元宵节，李商隐在永乐闻京城有灯会，恨不得观。每到这种节日，李商隐就会怀念城中的热闹，可以去大街上看花灯，猜灯谜，而永乐除了在自家吃一顿丰盛的晚餐，任何活动也没有，和平时的日子并无两样。原本生活应该起起伏伏，有悲有喜，在永乐的生活却像是一汪湖水，每天都相似，不低沉不高潮，这里的人总是乐呵呵的，李商隐却觉得他们并不是真的快乐，觉得他们这是一种没有见识，对世界认知还不足的简单——正是看得少，所以轻易就乐，为好天气好收成而乐，为东家媳妇西家寡妇的闲话而乐，为一头牛一只鸡也乐。此时李商隐便觉得：永乐是不属于我的，我应该回到京城，应该去用一己之力报效国家，做有意义的事情，而不是窝在这里，做农活乐俗事。于是，元宵节这天，李商隐在永乐作诗《正月十五夜闻京有灯，恨不得观》。

月色灯光满帝都，香车宝辇隘通衢。
身闲不睹中兴盛，羞逐乡人赛紫姑。

尽管身在田间怡然自得，但李商隐还是思念京都，京都之繁华，京都之故友，让李商隐魂牵梦绕，于是便开始悲悯自己的身世。

身世的可怜有两方面，一方面是出身穷困，且从没富足起来，直到如今三十多了，还是要过紧衣缩食的日子。另一方面是后天命运的捉弄，两次担任自己渴望的秘书省官职，皆无所得，无半点成就便不得不草草退出。第一次出秘书省，是被牛党所害，第二次出秘书省，是为了守丧，一次是外因，一次是内因。老天像在捉弄李商隐，找了各种原因阻挠他成事，让他没有过上一天安生日子。

他在京城时住的樊南，本就是郊外，现在年纪越大，住得离京城越远了。这世上大部分人不都是日子越过越好，积累得越来越多，无论是财富还是经验，年纪越大理应越顺畅，先苦后甜的多，先甜后苦也时有发生，但李商隐却是从未甜过，这样的才子，连白居易都欣赏的才子是不是生活得太惨太不公平了。

二月下旬，院中桃树开始发芽，在不经意的一夜突如其来地开满了花，又在接下来的春风之中纷纷掉落，院中四处都落着桃花瓣，在花圃的缝隙里，有一些杂草破土而生，在温暖的春风中伸懒腰，天气渐渐回暖了，不只是这些眼前的植物，空气都变了味道，用力一吸，就是春季的芳香，春天的味道是蠢蠢欲动的，在这样的氛围里，李商隐总觉得生活应该有所改变，他又和以往一样坐在院子里的藤椅上，写了一首诗。

《永乐县所居一草一木无非自栽今春悉已芳茂因书即事一章》

手种悲陈事，心期玩物华。

柳飞彭泽雪，桃散武陵霞。

枳嫩栖鸾叶，桐香待凤花。
绶藤萦弱蔓，袍草展新芽。
学植功虽倍，成蹊迹尚赊。
芳年谁共玩，终老邵平瓜。

看着院中的花花草草欣欣向荣地生长着，这一点的繁华，是李商隐这一年在永乐居住的唯一的一点收获。难道以后的日子，就要在春耕秋收中度过了？从此以后，便要做农夫不涉朝野？李商隐看了看奋力生长的野草，即便是野草，也要用尽力气感受春回人间的气息，而自己却在院子里一动也不动，无所事事。

想到以后的日子，可能和永乐县里其他人没什么两样，李商隐就有点害怕，心有不甘。

想起曾经千辛万苦科考，想起被授予秘书省校书郎职位时的欣喜，一切仿佛渐行渐远。春回大地，新的一年来到了，不能再这样下去，得把以往的辉煌找回来。

想到此，李商隐从藤椅上站起身，踱步到院门，拿起了门后放着的一把铁铲，把花圃里的杂草铲了个干干净净。

世事的无奈就在于当你想要为生活做点改变时，即使心中无比坚定，也仍然受限于自身的能力，所以在很多时候，一个真正想要改变的人都只能从手中的小事情做起，一蹴而就的永远都是短暂的，任何一种收获都离不开夜以继日的努力和天时地利的帮助，即使在春回的激励之下，李商隐想要做些改变，可是又能改变什么呢？他的人生何时是由自己做主呢，他能做主的都在这个院子里了，院子里的花，院子里的草，都可以任凭他摆弄，除此之外，便无其他。

而人生本就如此，你能改变的只有你自己。行走于世者，都是孤独的，无论有多少人曾离你很近，但要越过坎坷，渡过人生艰难只有靠你自己一人，他人给的只有安慰，行动都在你自己。

李商隐怀念京城，可又不是简单地想回到那片土地，他想要的还不止这些，他想回归朝廷，想要拥有官职，想在繁花似锦的官堂里拥有一席之地。

但朝廷那个地方岂是想回就回的，所以他才会为难，既不想待在永乐继续闲居下去，又没办法靠自己的能力取得一官半职。

能做的就只有等了。

暮春花落，李商隐感怀往事，写一首《落花》。

高阁客竟去，小园花乱飞。
参差连曲陌，迢递送斜晖。
肠断未忍扫，眼穿仍欲归。
芳心向春尽，所得是沾衣。

怡人的春季就快要结束了，换季的热风一阵阵狂乱吹拂，园中的落花便随风乱飞，扰人心智。

李商隐观花落，为落花伤情，他看那落花飘零，从树上落下，像他自己从京城离开，落花入土是一种安宁，自己来到永乐曾经也是如此，然而泥土能让花腐朽，到最后，花成了泥土，只见世人皆咏花，何人会去咏土？即使泥土肥沃，是牺牲自我成长他物，但一生的光阴短暂，谁不想趁着春风，飞上枝头，绽放一抹色彩。

正因为人生短暂，所以生而为人，更应奋力到极致，用弱小的生命呐喊，才得生命的真谛。否则人活着，就真的和泥土没什么区别，活着和死去也没有什么区别。

即使生命再卑微，李商隐也不想放弃来之不易的一身才情，泡沫一碰便碎，却仍然要用身躯反射一道彩虹，如今，李商隐还未身披彩虹就要落入泥土，这当然是无法甘心的。

《春日寄怀》

世间荣落重逡巡，我独丘园坐四春。

纵使有花兼有月，可堪无酒又无人。

青袍似草年年定，白发如丝日日新。

欲逐风波千万里，未知何路到龙津？

在这样的不甘愿下，李商隐写下这首诗，世间千变万化，我却四季独坐丘园，纵使有花又有月，可惜无酒也无好友。在永乐天天穿着草色的青袍，白发却日日新，想要生活有点改变，想要追逐风波千万里，想要回到长安，前方却没有路，也不知何处是正确的方向。

总之，李商隐要离开永乐，去意已决，只缺一个时机了。

在永乐这样的县城，家家户户都自己种菜，生活需求自给自足，平常日子街上没有小贩，到处都很清静。

只在清早，偶尔会有农夫站在门前问候，说自家种的菜收成不错，有无需要。

整个永乐县城都认识李商隐一家，特别是王氏，自从来到了永乐，无人不知，无人不晓，王氏的美貌，是整个县城都仰慕的，他们一家受人瞩目，也让县城里的人喜欢，永乐人热情，对李商隐一家一直都帮助有加。

永乐的农夫也都知道李商隐只会种花草，不善种庄稼。

于是，每日的清早，李商隐院子门口总会有人轻声问候："刚摘的新鲜白菜要吗?"

"昨晚河里钓的鱼，活蹦乱跳呢，需要吗?"

王氏就爱吃鱼，春季里的鱼，肥沃鲜美，这天碰巧遇到有人来送鱼。可谁知吃饭之间，王氏闻到荤菜竟然有点恶心，请来大夫一瞧，王氏有喜了。

李商隐家中又要添子，他非常开心，然而对生活也发起愁来。若是在京城，王氏待产，生活即使拮据，条件还是齐全的，能买到王氏想吃的东西，之后也能找到最好的大夫调养身体，接生婆也比这里的好。而永乐县城，什么都很有限啊。想到此，搬家一事就迫在眉睫了。

京城樊南的院子已经借给了朋友居住，若是就这样回京城，肯定是不方便的，王氏有孕，总不能跟着自己去找房子东奔西走，又不能丢下王氏一人，自己先走，多方考虑之下，他们决定先迁往王氏母家：洛阳，起码在洛阳，有现成的房子，有亲戚好友可以一同照顾体弱的王氏。于是，李商隐立即写了书信寄到王氏的娘家。

第十四卷　相思树上合欢枝

临走前已是夏天，天气开始炎热了，李商隐租了一辆最好最宽敞的马车，好让王氏舒服一点，永乐的邻居们也赶来送他们，希望他们能够常回来看看。

带上家中的一些必需品，还有邻居送来的特产和瓜果，李商隐一家便上路了。

此时，王氏的小孩还要两三月便足月了，已然是大腹便便的样子。马车再宽敞还是免不了路上颠簸，他们只在白天赶路，晚上就停下来休息，即使这样，还是让王氏极其疲倦，但为了孩子能够顺利出生，不得不早点去洛阳。王氏辛苦的样子让李商隐既心疼又惭愧，若不是当年自己一时冲动来永乐，妻子也不必跟着受羁旅之苦。一路走走停停，用了快一个月的时间才终于抵达洛阳王氏娘家。

好在这一路上，王氏身体还可以，以往每次跟着李商隐连夜赶路，王氏总是容易着凉染风寒，如今有孕在身，却是坚强了许多，可见母亲的力量之强大。

搬到洛阳没几月，王氏顺利产下小儿，起名衮师。

李商隐搬到洛阳住在王氏娘家，与朝中旧友书信往来之间，又感受到谣言四起，有人说李商隐是靠妻吃饭的软弱无能之辈。李商隐此次离职，是因为守丧，守丧期过之后，还有补官的机会。既然还等着母丧之后重回朝廷，就不得不在意这些人的眼光，倘若被朝中人误会，谁知道又会发生什么事情，他既不想自己和家人受迫害，也不想在朝廷中留下不好的印象，母丧过了之后，李商隐还可以去复官，还是要和那些人打交道，所以不想让朝中人误会，他得想办法解释才行。

于是在七夕节那天，他写下一首诗回复朝中旧友，在庆祝七夕佳节的同时，也期望旧友间接传达李商隐之现状。

他想解释自己的现状确实不是他们想象的那般模样，他不是吃软饭的。

《七夕偶题》

宝婺摇珠佩，常娥照玉轮。

灵归天上匹，巧遗世间人。

花果香千户，笙竽滥四邻。

明朝晒犊鼻，方信阮家贫。

七夕节是中国的传统节日，牛郎织女相会日，李商隐这首诗，乃是歌颂情人之爱。李商隐从七夕出发，是想说他与王氏是真心相爱，不想被他人一再地污蔑，他借住在王家是事实，然而王家已不如以往，当年的“甘露之变”，郑注及宰相李训、王涯等都被宦官杀死。郑注就是调王茂元为泾原节度使的人，王茂元与其交好，宦官觊觎王茂元的家财，借机指控王茂元是靠着王涯、郑注而得到升迁的。王茂元闻讯后畏惧，散尽家财来贿赂神策左、右两军，这才得以免祸，当年王家钱财尽散，几乎都在“甘露之变”中被宦官敲诈勒索走了，如今的王家事实上非常穷困，王茂元去世后，家中都没有收入，一大家人只勉强度日，生计还是依靠李商隐的，王氏也算家道中落了，如今李商隐之所以选择住在王氏母家，只是希望有人能更好地照顾妻子，除此之外，并无所求，也无钱财可求，现在的王家和李商隐家一样清贫，李商隐用诗诉说真相，渴望被人理解。后来他干脆写了一首诗给令狐绹，想要和令狐绹和好如初。

《寄令狐郎中》
嵩云秦树久离居，双鲤迢迢一纸书。
休问梁园旧宾客，茂陵秋雨病相如。

李商隐这次没有收到令狐绹的回信，可见令狐绹对李商隐前一次进入秘书省之事还有妒忌，李商隐也不渴望令狐绹的原谅，只感叹命运的捉弄而已，当初进入秘书省时，李商隐在令狐绹面前还颇为自豪呢，可谁知，命不由己，祸不由人。好好的官职说没就没了。

在洛阳居住的下半年，李党之李回升为宰相，李商隐写书表示庆贺。

会昌五年冬季，守丧之期已到，按律例，李商隐可以入朝补官，他当然还是希望能重回秘书省，于是写一诗表达心中诉求。

《汉宫词》
青雀西飞竟未回，君王长在集灵台。

侍臣最有相如渴，不赐金茎露一杯。

心中所求最终得偿所愿，李商隐得以重回秘书省。这之中离不开李党的帮助。

官职批下之后，李商隐一人匆匆从洛阳赶回长安。王氏刚刚生产完，还需要有人在身边照顾，于是留在了洛阳，李商隐一个人先回到长安述职。他回长安之后没有去樊南，而是暂时在永崇里寻了住处，李商隐在永崇里的住处清幽僻静，就在华阳观的隔壁。

华阳观也是年少时李商隐曾经居住的地方，这里还有李商隐的知己宋华阳及宋华阳的妹妹。不过已是多年不见，李商隐也不知她们是否还在了。

一日，明月当空，李商隐忽闻观内有人吹笙，笙声悠扬动听，回荡在永崇里，笙声让夜晚变得分外撩人，让李商隐思忆翻涌，不免想起知己宋华阳，他年少时在观内暂居，也曾面对如此明月，和宋华阳姐妹一起赏月对歌，饮酒作诗，谈人生与志向，那年的梦是对未来的希冀，如今就是当年的未来，想起曾经对仕途的满怀信心，如今是一波三折才得以步入正轨，心中感触颇多，听着外面的笙，李商隐在屋内写诗。

《银河吹笙》

怅望银河吹玉笙，楼寒院冷接平明。

重衾幽梦他年断，别树羁雌昨夜惊。

月榭故香因雨发，风帘残烛隔霜清。

不须浪作缑山意，湘瑟秦箫自有情。

他不知吹笙之人是否是宋华阳，但从悠扬的笙声中听到了浓浓的情意，是有一丝想念，一丝哀愁，可见吹笙之人也是性情中人。伴随着华阳观传来的美妙的笙声，李商隐曾经在华阳观的往事一幕幕浮现在了脑海，他觉得那年的自己仿佛一直在做梦，梦中不过是科举中第，后来落榜，中断了旧梦，他以为科举失败之后的自己会一直颓废不堪，不过再后来又发现科举失败对他并没什么影响，不过一场旧梦，结束了便没有什么痕迹。接着李商隐进入朝廷之中，经历了两党之争，经历了被迫害，以及命运的捉弄之后，回头发现科举失败真的不是很可怕的人生经历，不过如同没吃到自己想吃的，没去往自己想去的地方一样寻常。在生命的凋谢面前，仕途失意不算什么，曾经对仕途的在意只是不想失去经济来源，因为以前认为俸禄比什么都重要，它可以养活母亲养活妻子，以及家中大小。如今却体会到即使有再多的金钱，也买不回离世的亲人。

在李商隐很小的时候父亲就走了，李商隐还未成熟时，恩师令狐楚走了，现在母亲走了，王茂元也走了，这样的生死之别都经历过了，工作中再大的挫折也不怕了。

从往事中回神的李商隐意识到笙声不知在什么时候断了，于是准备要回房休息，正当自己转过身时，笙声又响起了，吹笙人换了首欢快的曲子，李商隐情不自禁寻着笙声迈出步子，一步步靠近声音的来处，笙声越来越清晰。走过门前的小巷，穿过华阳观的花园，还是未能见到吹笙之人，看来此人是在华阳观的后室之内，循着声音只能确定此人确实是在华阳观深院之中。李商隐还是继续在往前走，直到走到华阳观前的荷花池，李商隐才停下脚步，他想就这样深夜造访华阳观实在是太冒失了，不过倘若吹笙人是宋华阳，或者宋华阳的妹妹，她们是不会责怪李商隐的。如果是她们，那便是重逢的欣喜了，想到此李商隐的心也开始慌张了，即使有重逢的喜悦，那么喜悦过后，又该说些什么呢？她们会责怪当年他的匆匆离开吗？这深夜，这明月，令人不能控制自己的情绪，李商隐的泪就要涌出眼帘："怎能让她们见到我这样子！"想起宋华阳妹妹说还俗之后便要嫁给李商隐，而李商隐妻子王氏刚刚产下衮师，自己实在不该如此情绪化，再三考虑思量阻止了李商隐心头的感触，于是他及时停下了脚步。回到房间，李商隐差人打了一盆水，洗漱完便倒头睡去了，笙声还在继续，李商隐在床上辗转反侧，直到午夜，笙声止，李商隐入眠。

李商隐补官进秘书省还未一年，武宗病重，在会昌六年三月驾崩，继位的宣宗是敌李党，亲牛党的，李党自此失势。

三月春回大地，王氏带着儿女来往长安，一家人终于再次相聚在长安城，儿女双全的李商隐，家庭生活还是很幸福的，这也是李商隐一生中唯一欣慰的事情。尽管和王氏聚少离多，但每每全家在一起的时候，都是其乐融融，笑声不断的。如今一家人都到了长安，李商隐在经历了来自朝廷的烦心事之后总算还可以享受来自家庭的温暖，工作之时最盼的便是能够与家人安心吃一顿晚饭，饭后再和儿女们说上一会儿话。

王氏在产下衮师之后，身体越来越差了，原本就多病的王氏天天都需要喝药调养身体，稍微劳累便会眩晕咳嗽不止。

命运确实在捉弄李商隐，武宗在位时，李党得势，李商隐与仕途一再错过，好不容易补官进了秘书省，眼见前途一片光明，谁知武宗就驾崩了，宣宗继位之后，被贬的牛党分子纷纷被召回得要职，眼看着李德裕相位即将不保。

李党失势，李商隐每天都活在诚惶诚恐之中，牛党分子早就视他为眼中钉，并想尽了办法构陷尚在朝堂之上的李党人员。

李商隐作一首《相思》。

《相思》

相思树上合欢枝，紫凤青鸾并羽仪。

肠断秦台吹管客，日西春尽到来迟。

“日西春尽到来迟”，李商隐回首自己这几次获得官职，每一次都是在刚刚得到之后，很快就失去前景，对这样的政治生活，李商隐不愁到肠断才怪。

果不其然，在宦官和牛党分子的勾结迫害之下，宣宗继位不久，李德裕就被罢了相，被贬出京城，贬往荆南，朝堂之上，李商隐失去了一个最大的靠山。

李商隐母丧之后，能够重回秘书省，全是李德裕的功劳，宣宗继位之后，李德裕先是被贬为荆南节度使，后又被诬有罪，贬为崖州司户参军，最终卒于海南崖州。

李德裕是李商隐的靠山，曾经令狐楚、王茂元都是有恩于李商隐的，但是李德裕不同，李德裕的思想是李商隐由心底尊崇的，比如李德裕为寒士开路，在人才选拔方面极其公正，因此受李商隐等寒士由衷钦佩。李商隐追随李德裕，这种追随不像对令狐楚，因年少时的伯乐之恩、半养育之恩，也不像对王茂元，因翁婿这样一层关系存在，李商隐敬重李德裕，是因为李德裕的政治思想、政治方向与李商隐的内心诉求相同，李商隐对政党看得很淡漠，他不管什么李党、牛党，但这不代表李商隐对治国、对政治、对朝廷没有自己的思想，他的思想便是与李党同，在李德裕被贬之后，他仍然从李德裕的实际行动和秉承的思想出发，试图在朝廷中发声，但朝廷中人哪是像李商隐想象得一般简单。李商隐以为，若是自己的表达正确，若是自己的说法有理，便能够得到皇帝、权势之人的赞同，他认为权高位重之人应以国为先，党派和私欲应放其后。谁知只碰了一鼻子灰罢了。

李德裕被贬往荆南时，李商隐去送他，眼看着曾经那么风光的人如今去掉相袍，不得不走上羁旅的路，李商隐心生怜惜。人世无常，上一秒还光鲜亮丽的人，下一秒就浑身暗淡无光，生活永远不会告诉人们它为人准备了什么，好让人战战兢兢地苟活于世，为未来为前景担忧。眼见着曾经留下那么多丰功伟绩的人，被朝人污蔑，心生不平，李商隐想要在朝中为李德裕发声却无人回应，只好把这份不平写进诗中，他在一首题为《旧将军》的诗中写道：

云台高议正纷纷，谁定当时荡寇勋？
日暮灞陵原上猎，李将军是旧将军。

在此诗中，李商隐对李德裕被贬一事抒发自己的不平，而之所以说李商隐与李德裕的政治思想一致，在于李商隐写的另外一首《漫成》。

沈宋裁辞矜变律，王杨落笔得良朋。
当时自谓宗师妙，今日惟观对属能。
李杜操持事略齐，三才万象共端倪。
集仙殿与金銮殿，可是苍蝇惑曙鸡。
生儿古有孙征虏，嫁女今无王右军。
借问琴书终一世，何如旗盖仰三分。
代北偏师衔使节，关中裨将建行台。
不妨常日饶轻薄，且喜临戎用草莱。
郭令素心非黩武，韩公本意在和戎。
两都耆旧偏垂泪，临老中原见朔风。

苍蝇惑曙鸡暗指牛党在宣宗面前进谗言，把李德裕的功说成了过，颠倒是非，李商隐敬佩李德裕提拔寒士，“不妨常日饶轻薄，且喜临戎用草莱”。

第十五卷　一岁林花即日休

次年，宣宗改年号会昌为大中，大中元年，牛党当政，倾李党者皆被排挤，罢黜。朝中有一人郑亚，追随李党思想，被贬出朝，为桂州刺史，桂管防御观察使。临走前，他找到李商隐，两人文采皆优，志同道合，郑亚想让李商隐跟随其一同去往桂州，李商隐考虑到牛党当政，朝廷之路必定不好走，恰遇到如此器重他的人，不如追随其后，良禽择木而栖，为志同道合的幕主做事比在朝廷中唯唯诺诺不得志要强。

要追随郑亚，便不得不离长安，不得不与妻儿告别，好在郑亚预支了李商隐一年的银钱，让李商隐无后顾之忧，李商隐把所有的银钱都留下来给了王氏。

追随郑亚让李商隐重拾对事业的信心，家中有王氏在，便无其他可忧虑了。他们制订好路线，从湘中再到桂林，一路游历，四处拜访，差不多花了三个月时间才终于抵达桂林。

这一路上，李商隐和郑亚商商讨了许多将要做之事，谈天论地，好几次，郑亚仰头大笑间，李商隐都在郑亚的身上看到了令狐楚的影子。

李商隐庆幸自己离开了京城，跟对了幕主，一路上心潮澎湃，想要好好在桂林做一番事业。

桂林山水迤逦，景色优美，李商隐在刚刚抵达桂林时就感受到了，入桂林界，只见山岚随着舟移而更雄伟，雄伟之下又簇拥着一汪秀水，水是流动的，但看起来是静止的，如同明镜般清澈的河水倒映着树、山、舟、人。

直到前后都见不着田地了，一块大石映入眼帘，大石上写着“桂林”二字。

入了桂林界之后，接着行进了几个时辰，便到了郑亚府衙，桂林地大，府衙也比长安城同等官阶者的要大，就坐落在山水之间，离城区还有一段距离，却不是很远，这就是李商隐最喜欢的住处了。

不过风景再美，没有王氏在身边，李商隐总觉得还是少了点什么，若是妻子也可以前来一同欣赏这桂林山水该多好啊，每当看到壮丽的美景，李商隐都想要描绘给王氏，让她有一种亲身体验的感觉，甚至有时候寄给王氏的书信里，都会夹一幅李商隐自己所绘之图，图中往往都是当日所见美景，桂林的景色只有画出来才能让王氏理解这里有多么的美，不过每当夜深人静之时，一天的喧闹结束了，夜半的宁静就让李商隐思念长安的家，想念那些在长安的夜晚，长安的夜晚安静得一点声音也没有，但桂林的夜晚安静，却伴着虫鸣鸟叫，有点像怀州的老家，但不管怎样，都希望家人能够伴在身边，方能安心入睡。

在外游历时睡的床是冰冷的，屋子也是冰冷的，一点家的温暖也没有，在这样冰冷的地方能伴李商隐入睡的，也就只有酒了。酒越喝，思念越甚，无比想念家中一双儿女，怀念与王氏锦瑟和鸣的时刻。

《寓目》

园桂悬心碧，池莲饫眼红。

此生真远客，几别即衰翁。

小幌风烟入，高窗雾雨通。

新知他日好，锦瑟傍朱栊。

桂林四季如春，花园中常年都是满眼绿色，池里的莲花红得极其妖艳，如此美景，独缺一个陪伴赏玩之人，桂林与长安，这距离实在是太远。这一生，在几次离别中，李商隐鬓生白发几乎成了衰翁。一缕微风透过窗户拂面而来，窗外正在下着小雨，雾蒙蒙的。桂林的夜晚冷清，人少树多，天刚擦黑，街上的人便都回了自己家院子，独守一片属于自己的花园，家家团圆，似乎还有孩童嬉闹声传过来，李商隐却自己住一个大院子，眼前蓬勃的树，绽露笑颜的花，叮咚作响的泉水最后都流往铁灰色的假山，假山上覆盖着冰冷的石头，好一派没有人气的风景！

还有一首因思念王氏而作的《夜意》，诗中感情极其缥缈缠绵，人们能从诗中感受到李商隐对妻子的魂牵梦绕。

《夜意》

帘垂幕半卷，枕冷被仍香。

如何为相忆，魂梦过潇湘。

在夜中惊醒，回想刚刚做的梦，努力回忆在梦中与王氏温存的感觉，

“如何为相忆，魂梦过潇湘。”他说难以想象妻子是如何思念他啊，竟然想得魂魄出了窍，让梦魂飘然过了潇湘来到桂林进入他的梦中与他相遇，可见这思念描写是多么的奇妙。明明是自己对妻子思念至深，产生了梦境，却用对方的口吻写诗，开辟出了一种新的描写感情的方式，李商隐在之前写宋华阳的时候也这样比喻过，明明是自己思念宋华阳，想去道观寻宋华阳，却以对方的口吻写宋华阳是嫦娥，被关在冷清的月宫中，后悔偷了灵药离开凡间，与情人相别离。

到桂林时正值六月炎夏，闲暇之时，李商隐便随着郑亚一起观赏桂林山水，他对新生活觉得新鲜。等到了秋季，天气转冷，对王氏的思念便泛滥成灾，桂林是李商隐游幕去的最远的地方，离家太远，思念至深，以至于李商隐这段时间写思念王氏的诗极多，描写手法比咏物诗更加奇妙，写法新颖，比喻绝妙，无论是飞禽鸟兽，还是草木花石，都活了过来，都有了心有了情，而这些飞禽鸟兽之情千变万化，实际上却是李商隐的思念之情包罗万象，丰富万全。

《念远》

日月淹秦甸，江湖动越吟。

苍桐应露下，白阁自云深。

皎皎非鸾扇，翘翘失凤簪。

床空鄂君被，杵冷女媭砧。

北思惊沙雁，南情属海禽。

关山已摇落，天地共登临。

李商隐在桂林，王氏在长安，南北两地分离，月明非团圆之夜，花翘无伊人之簪，北方的伊人见沙雁南飞，南方的自己见海禽北翔，牵动着两颗思念彼此之心。

冬季，李商隐奉命以使者身份去往南郡，他带领着马车队伍，马车上载着桂林的茶叶，药材，银器，布纱等。南郡在荆州，李商隐和来时一样从潇湘穿行，经过洞庭湖，见冬季结冰的湖面上有人捕鱼，不费力气，只要在薄冰处凿一个洞，撒下渔网，隔段时间抽起渔网，渔网上便挤满了鲫鱼，鲫鱼之中还有罕见的银鱼，都极其珍贵，湖面无边无际，鱼虾成群。

李商隐见这一群鱼，明明是要被捕了，反而还前仆后继地往渔网里钻，想起了朝中大量被提携的牛党分子。作一诗讽刺牛党。

《洞庭鱼》

洞庭鱼可拾，不假更垂罾。

闹若雨前蚁，多于秋后蝇。

岂思鳞作簟，仍计腹为灯。

浩荡天池路，翱翔欲化鹏。

洞庭鱼多得如同可以随意拾取一般，闹若雨前蚂蚁，多得如同秋后的苍蝇，明明就要被人吃了，还以为自己正在走往天池路，之后可以化作展翅翱翔的鹏呢。李商隐讽刺牛党追随者，讥讽他们如蚂蚁、苍蝇，不过是靠着朝中得势的牛党官宦提携，身无本事还敢肆意往朝中钻。

南郡距离桂林远，地方又大，致使李商隐在南郡逗留了一整个冬天，直到次年正月才归桂林，回桂林时写一诗。

《即日》
桂林闻旧说，曾不异炎方。
山响匡床语，花飘度腊香。
几时逢雁足，著处断猿肠。
独抚青青桂，临城忆雪霜。

李商隐在两地漂泊中感伤，思念妻子，思念家乡，盼家书，忆京城。

回桂林不久，朝中再起波澜，郑亚受到牵连被贬为循州刺史，李商隐又失去了依靠。

李商隐在政治上的曲折之处就在于他所依靠的人，总在短暂的时间里大起大落。李商隐跟随了许多人，不是因为他是一个忘恩负义、三心二意、好高骛远之人，投靠哪位幕主也不完全出于他的主观选择，很多时候，都是不得已而为之，所以说命运捉弄李商隐。他最初在令狐楚门下，令狐楚去世后，因为妻子而改投王茂元，一投靠王茂元就让他的名字被令狐绹直接从及第名册中去除了。追随王茂元时也不安生，随着幕主的调遣，无论是升迁或者罢黜，都让李商隐在四处奔波，流浪于各个地方的府衙。自从夹在李党与牛党之间左右不是，波折的幕僚之路便开始了。李党执政之初，他为了旧日恩情听从了令狐绹去了江乡，放弃了一次平步青云的机会，最后终于回到正路了吧，先是母亲离世，使他只能放弃职位守丧，补官重回秘书省不久，武宗驾崩，李党又失势了，他投靠了郑亚，郑亚现如今被贬，想当初跟随郑亚从朝中抽身而退赶往桂林时还胸怀大志，这也不过一年吧，就要闲在府中等候进一步的消息了。

他再次写了一首《即日》。

一岁林花即日休，江间亭下怅淹留。
重吟细把真无奈，已落犹开未放愁。
山色正来衔小苑，春阴只欲傍高楼。
金鞍忽散银壶漏，更醉谁家白玉钩。

一岁之花即日休，自然是比喻郑亚刚到桂林一年就被贬走。李商隐仍在府中等候消息，不知去往何处，如同林花已落犹开。已经知道自己要离开桂林，但是又不知下一站在哪里，因此还逗留在这里，桂林的江间、亭下常有李商隐惆怅的身影，他日日无所事事，甚是难熬。他见暮色笼罩小苑，春阴只傍高楼，感叹一日之景的变化，暮色春阴留不住，更何况是一岁之花。

既然郑亚被贬，为何李商隐不干脆回长安呢？他思念王氏，思念儿女，却不归长安，是因为他回了长安就要入朝，而朝廷如今是牛党的天下，他不想与牛党为伍，与他少年时期总在两党之间徘徊时相比，此时他的立场坚决了许多，年长的李商隐终于找到自己真正倾向的党派思想，牛党思想与其秉承的观点相悖，尽管令狐绹还有意让李商隐为其做事，但李商隐已坚决不再朝向牛党，这在李商隐的人生观里是一大进步。

但这归与不归又是一件让李商隐揪心的事，毕竟回了长安就能合家团聚，所以说人生中的两难选择何其多，任何时候都如同站立在十字路口，时时都要做选择，时时都在取舍，李商隐如同漂泊在混乱潮水中，要用自己的一叶小舟划开自己的方向，行走不易。

《思归》

固有楼堪倚，能无酒可倾。

岭云春沮洳，江月夜晴明。

鱼乱书何托，猿哀梦易惊。

旧居连上苑，时节正迁莺。

《思归》正是李商隐在犹豫是否要回长安时所写。怀念旧居，这时节想来正迁莺，深厚的思念被李商隐掩埋在心底，心因思家而疼痛，但仍可以忍住疼痛坚持自己抗拒牛党的这一选择，可见李商隐心意已决，宁可在外为幕僚也不愿与牛党同流合污。

第十六卷　君问归期未有期

不归朝就得寻新幕主，此时湖南观察使李回，是李党中人，李党被迫害，唯李回幸存，李商隐想去投靠他。在桂林安置好一切便划舟往湘中，途经楚地，正值端午佳节，江中许多祭奠屈原的舟船划过李商隐身边，李商隐才知道已经到了楚地秭归，在秭归靠岸休憩，秭归整个县城都飘着箬叶艾草的香气。端午佳节，秭归的风俗是家家户户门口放艾草，用箬叶包糯米粽子，包得多的人家便会将粽子放在江边，第二天舟船启程，每个船的甲板上都放着几盘粽子，还有香炉，香气飘到了江上，当初秭归人为了留住屈原，许多舟船都去追赶寻找，却一无所获，之后每年五月初五，秭归舟船全出，就是为了祭奠屈原。李商隐见江中如此多船，心生感慨，写《楚宫》诗。

湘波如泪色漻漻，楚厉迷魂逐恨遥。
枫树夜猿愁自断，女萝山鬼语相邀。
空归腐败犹难复，更困腥臊岂易招？
但使故乡三户在，彩丝谁惜惧长蛟。

第一句写了眼前的湘江波纹如泪，眼前的楚地都在祭奠屈子，诗中“山鬼语相邀”之句暗指牛党，“但使故乡三户在”指李党。李商隐在楚地小憩，便赶往湖南，到达湖南李回府上时，李回还未到任，李商隐便独自在府中等候李回，作《潭州》诗：

潭州官舍暮楼空，今古无端入望中。
湘泪浅深滋竹色，楚歌重叠怨兰丛。
陶公战舰空滩雨，贾傅承尘破庙风。
目断故园人不至，松醪一醉与谁同。

待在空荡而陌生的府衙，李商隐对接下来的工作充满担忧，李回到任之后的事证明了他的担忧是正确的，李回因为被迫害不敢再让同党的李商隐来湖南入幕，李商隐白跑了一趟，不得已只好离开湖南。

离开了湖南又该去哪里好呢，他想起远在四川的外兄杜琮，便准备从湖南经荆州去往四川，经过荆州作诗《荆门西下》。

一夕南风一叶危，荆云回望夏云时。
人生岂得轻离别，天意何曾忌嶮巇。
骨肉书题安绝徼，蕙兰蹊径失佳期。
洞庭湖阔蛟龙恶，却羡杨朱泣路岐。

从桂林到湖南，再从湖南前往未知的四川，这其中的惆怅都写在此诗中，此时，四川的杜琮还不知道李商隐要前来投靠，杜琮追随牛党，不会有党派之争的担忧，他与李商隐是亲戚，所以李商隐才会选择他。

李商隐这个人身份低微，原本应该是个小人物，但在朝中却是众矢之的。令狐绹连连升迁，渐渐得势，他不想放过李商隐，李商隐之前的种种行为也得罪了牛党中太多的人，正是这些原因让李商隐变成了一个危险人物。

不管李商隐是在桂林，还是去往蜀地，令狐绹一直派探子暗中监视李商隐的行踪。李商隐其实是知道这些的。

在即将进入蜀地地界之时，李商隐停住了脚步，一路上他一直在思考自己的处境，李商隐原是追随郑亚的，郑亚如今岌岌可危，李商隐只是暂时幸免，尽管人没事，但朝廷认定了他是李党之人，即使杜琮为牛党行事，但位低声轻，一切还是要听从朝廷，如今李商隐贸然前往四川，他担心自己会牵连这位外兄，他想要去四川为杜琮幕僚，杜琮必定是要上报朝廷的，若是朝廷听到此消息，怎么看待杜琮？如今朝廷正在整治李党，杜琮在这个时候上报，恐怕不妥，于是李商隐打消了去往四川的念头，掉转舟车，想重新寻找一处停歇之地再议。

停歇之地正是重庆奉节县瞿塘峡峡口。瞿塘峡是重庆有名的风景区，这里地势险要，相比桂林的青山秀水，瞿塘峡水急滩险，崇山峻岭，特别是从峡口随着江水流向往深处看，这江如同一条卧着的龙。从峡口出发，划船几百米，便到了有名的白帝城，相传城中有一口白鹤之井，井中常冒白烟，直冲九霄，宛若一条白龙。西汉末年，王莽篡位时，他手下大将公孙述割据蜀地，自称蜀王，野心勃勃，后正是听此传说，在此地修建城池，取名白帝城，他自己便是白帝。

奉节属夔州，夔州刺史李贻孙为李商隐科举考试时的旧识，李商隐便去他处小住，既然来到了重庆，肯定是要去登一登白帝城的，为尽地主之谊，李贻孙安排了游船带李商隐游玩白帝城，在白帝城上，李商隐留一诗《摇落》。

摇落伤年日，羁留念远心。
水亭吟断续，月幌梦飞沉。
古木含风久，疏萤怯露深。
人闲始遥夜，地迥更清砧。
结爱曾伤晚，端忧复至今。
未谙沧海路，何处玉山岑。
滩激黄牛暮，云屯白帝阴。
遥知沾洒意，不减欲分襟。

“摇”与“落”皆是不平稳罢了，李商隐就如同江上随浪摇摆的船，这些年一直游荡在外，漂泊无定，不得安稳。

常年都与家人分隔两地，羁旅清苦，李商隐极其思念远方的妻子，秋风中的白帝城景色萧萧，江边的高山上，满是枫叶，秋风一过，落叶纷飞，片片起舞，旋转着，跳动着，时而奋力上旋，时而如燕子般滑翔，但终究，都拗不过江水，漂浮在江面上，随波逐流。秋季的江风不刮倒好，一刮起来，便是呜呜作响，吹得人打起寒战，树枝哗哗响，互相拍打，像是要把叶子都刷下来，让叶子早点离开它们，去自找出路。李商隐和李贻孙站在白帝城山脚的亭子上，亭子的四脚是站在江边的浅水中的，从亭子边缘往水下看，李商隐看到了自己的倒影，满脸沧桑，一阵狂风袭来，叶子纷纷落到脚下，打散了李商隐的倒影，又一片片遮盖住了他的沧桑，远处一艘游船划过，整个江面上就那么一艘游船，寂寥，萧索，李商隐看着这艘游船用力地往对岸驶去，看来是游人要归了，不知那艘船上的人，是否和李商隐一样远道而来。这样一场秋游，根本无法阻止漂泊在外的李商隐伤感。

李贻孙想留李商隐多住几日，李商隐也考虑到自己一直在四处行走，暂时也不能回长安，便索性准备住上一月，有此准备，就马上书信一封给妻子，好在夔州收到妻子的回信，知晓家中近况。

半月有余，李商隐收到家书，家中一切平安，小儿衮师已经可以书写李商隐的名字，让李商隐稍有安慰。在信中，王氏问：我夫，何时是归期？

当晚，巴山大雨，李商隐准备第二日离开夔州去襄阳寻找机遇，李贻孙说几年都没下过这么大的雨，李商隐也从未见过。秋季是不该有如此之大雨的，天空电闪雷鸣，大雨倾盆而下，府衙门前的树像是被大雨扇巴掌了一般左右摇摆，院子里开着的几株菊花被雨水冲得根都浮出了泥土，随着雨水往低处漂走。窗纸呼呼作响，没关着的窗是再也关不上了，只能任由风吹雨打，窗纸早就破了几个大洞，窗下的一大块地面都被打湿了，屋顶仿佛要被雨凿穿了。

李商隐就在大雨狂作的屋内给王氏写回信，他透过破了的窗望向屋外，明天若还是这么大的雨，不知能否启程，就算能启程，也不知是否能寻到理想的幕主，在此情此景之下，李商隐写下一首诗，作为回信，这便是传唱千年、情意绵长的《夜雨寄北》。

君问归期未有期，巴山夜雨涨秋池。
何当共剪西窗烛，却话巴山夜雨时。

因为不知归期，所以未有期，他不知何时才能与王氏团聚共剪西窗烛，讲述今夜大雨的罕景。

第二日，李商隐醒来，只见天空碧蓝如洗，昨晚被雨打乱的树和花都已清扫完毕，天空已然放晴，是个大好的天气，李贻孙早早来到李商隐卧室门口等候，一起吃了早饭，李商隐终要告别了。

李贻孙曾在李德裕时期受李商隐恩惠，对李商隐感情深厚，此时，确是有些不舍，不过李商隐也不能久久无事可为，两人告别一番，李商隐就离开夔州了。

第十七卷　曾共山翁把酒时

重庆东上便是荆州，李商隐想到还有一位外兄在襄阳当值，便想要去投靠。

他划舟往东，到达襄阳之后，便前往拜见，这位外兄正是任山南东道节度使的卢简辞。卢简辞非常热情地招待了李商隐，但李商隐每每提及要与卢简辞共作一番事业，提及曾与王茂元共事时的场景，都被这位外兄岔开了话题。

聊天之间卢简辞突然叫来仆人，让仆人去街上采购一些襄阳特产，说是等李商隐走时好带上，李商隐便不说了，他知道了这位外兄的意思，暗暗地说："看来是我太理想化了，几年不见的人，早不知他性情如何，竟然还渴望卢简辞会如同王茂元一样收留我？"

于是李商隐拱手谢了卢简辞的物资，便立刻离开了襄阳。

由襄阳离开，便是八月中旬了，李商隐离家已一年半了，现如今谋不得半点官职，只好准备回长安歇息。

在夔州收到的家书中，王氏说在八月中旬要去洛阳娘家，于是李商隐直接打道前往洛阳，准备先去和王氏会合，再一同回长安。八月底，李商隐抵达洛阳，洛阳亲人众多，再三挽留，恰好李商隐回长安也没什么要事，便准备在洛阳住一段日子。

重阳节很快就到了，洛阳遍地菊花，空气里都是菊花的清香味，味道往往能够促使人想起曾经，李商隐想起了最爱白菊的令狐楚，一日赏菊归来，为令狐楚写一首《九日》。

曾共山翁把酒时，霜天白菊绕阶墀。
十年泉下无人问，九日樽前有所思。
不学汉臣栽苜蓿，空教楚客咏江蓠。
郎君官贵施行马，东阁无因再得窥。

洛阳有令狐楚的旧居，旧居中种满了白菊，李商隐想去令狐楚旧居看看，可是大门紧锁，但透过砖墙的缝隙还是能够看到，院子里的白菊盛开，有女子正在为菊花浇水，修剪，看来是令狐绹派来的人一直在精心护理着。

李商隐轻声叫那女子："姑娘……"

那女子回头，看到这样一个奇怪的老头在砖头缝隙间探头，"有什么事吗？"

"见这宅院，菊花甚是好看，可否打开院门，让我进去观赏一番？"

"这里是私人宅院，不可以观赏的，您请回吧。"

李商隐见不准进去，便作罢了，他黯然低头，再看了几眼，曾经他就住在这里，他曾经就是这里的半个主人，如今一位丫头便要把他给赶走了。

曾经令狐楚和李商隐在此处，共讨治国思想，一起喝酒赏菊，如今令狐楚离世快十年了，李商隐看这宅院，想起曾经的一幕：

那也是一个白菊盛开的秋天，令狐楚相邀李商隐赏菊，菊花刚开全，令狐楚便迫不及待地叫李商隐来看，令狐楚满心期待想让李商隐写一首关于白菊的诗，可是李商隐沉浸在一片雪白之中，竟不写诗，最后两人干脆席地而坐，喝酒听风。令狐楚突然心发奇想，要用白菊煮酒，于是便摘了几朵，让仆人拿去放在酒里。

加了菊花的酒味道非常奇怪，李商隐和令狐楚一边喝一边笑，那味道李商隐到如今仍然还记得。

在洛阳逗留了一月，李商隐一家便回到了长安。这年的九月，长安异常寒冷，秋雪早至，在外漂泊一年半的李商隐对自己寻找出路之事已然有些灰心，在洛阳王氏娘家居住的时候，王氏娘家人对李商隐满满都是责备，责怪他丢下王氏一人拉扯小孩，这让李商隐非常惭愧，可是李商隐除了做别人的幕僚又能做什么呢？

他就像他的父亲，或许有很多的选择都是错误的，但这就是他，他就是这样的李商隐。

自己在外寻找出路，去四川担心连累杜琮，去襄阳碰一鼻子灰，回到家被王氏家人责备，这种种事情汇集起来，终使李商隐开始妥协，年初随郑亚去桂林的雄心壮志，坚决不归附朝廷牛党分子的决心，濒临瓦解。

他递交了请调函，期望朝廷能为他安排一个官职。

入冬，李商隐去拜见令狐绹，有意请求令狐绹帮其安排一近处的官职，免其流离在外。令狐绹念李商隐文采超众，奏请京兆尹韦博留李商隐为其谋事，从这年开始，李商隐又踏入牛党范围。

李商隐终于可以留在家中工作，王氏极其高兴，这一年过年，王氏把娘家人都接到了长安，一起过了个团圆年。

小儿衮师活泼可爱，总能逗得全家人哈哈大笑，李商隐为小儿作一首《骄儿诗》。

衮师我骄儿，美秀乃无匹。文葆未周晬，固已知六七。
四岁知名姓，眼不视梨栗。交朋颇窥观，谓是丹穴物。
前朝尚器貌，流品方第一。不然神仙姿，不尔燕鹤骨。
安得此相谓，欲慰衰朽质。青春妍和月，朋戏浑甥侄。
绕堂复穿林，沸若金鼎溢。门有长者来，造次请先出。
客前问所须，含意不吐实。归来学客面，闱败秉爷笏。
或谑张飞胡，或笑邓艾吃。豪鹰毛崱屴，猛马气佶傈。
截得青筼筜，骑走恣唐突。忽复学参军，按声唤苍鹘。
又复纱灯旁，稽首礼夜佛。仰鞭罥蛛网，俯首饮花蜜。

衮师四岁知名姓，事实上在去年，王氏给李商隐的书信中，衮师已经在王氏手握手的教导下写下了父亲的名字。如同诗名，衮师是李商隐的骄傲，有时候他想着白居易曾说过的话，看衮师之天资聪颖，真觉得他是白居易转世。

大中三年二月，李商隐为感谢令狐绹为其安排官职，带上王氏娘家人带来的特产去拜见令狐绹，走到前院，看到令宅中木兰盛开，木兰花之多让李商隐忍不住驻足欣赏，一眼望去如同花的海洋，木兰花先开花后发芽，此时树枝上的一点绿色都被花遮盖了，木兰花幽雅高傲，李商隐看着木兰花竟有点自惭形秽。

正当李商隐在院中尽情赏花，令狐绹走了过来，令狐绹说："怎么样？我这府邸的花不错吧。"

李商隐看了一眼令狐绹："确实不错，不过论起壮观，还是你们旧宅中的牡丹动人心魄。"

"牡丹，朵朵都可以开得完美无缺，那时旧府的牡丹正是如此，每次清风一吹，便是一波又一波的花浪，芳香逼人，还极少被吹落。而木兰，它先长成一棵树那么高才能开花，这其中的滋味不是牡丹可以理解的，木兰不只是花，也是坚韧的树，所以人们看到木兰，就会认为它比别的花要顽强，它高傲地抬着头往天空中绽放，不是它自傲，而是木兰确实有清高的资本，是树，但又比其他树妖娆，是花，但又比其他花顽强，正是这种顽强让木兰花的芳香既能沁人心脾，又能使人感受到淡漠悠远，这便是我种木兰的原因。"

李商隐心中是赞同令狐绹这一番赞木兰的言论的，但是令狐绹不知，李商隐之所以喜欢从前的牡丹，只是因为在从前的牡丹花园里，有自己和令狐楚的情谊，任何物体一旦被牵连上了感情，便不能再与其他物体相比了，从前的牡丹被赋予了令狐楚的灵魂，这再清新幽雅的木兰也比不上啊。

他想把自己的想法解释给令狐绹听，可一想到令狐绹的为人，知道这其中的感情并非令狐绹可以了解的，就不愿意反驳了，更何况今日是来感谢令狐绹的，于是李商隐说："听你一席话，确实觉得木兰花胜过牡丹许多，这院中木兰一片片掉落，自有残缺的美丽，令人心动，令人钦佩。"

令狐绹说："你今天来寻我所为何事？"

李商隐递上带来的礼品，说："我妻为了感谢你为我安排官职，特地让我拿了她洛阳老家的特产来给你尝尝。"

令狐绹收下，"你妻确实对你不错，娶到她是你的福气。"

令狐绹接着说："看着这满院的木兰花，大诗人何不以此为诗，留于敝府？"

李商隐正有此意，写下一首《木兰》送给令狐绹。

二月二十二，木兰开坼初。
初当新病酒，复自久离居。
愁绝更倾国，惊新闻远书。
紫丝何日障，油壁几时车。
弄粉知伤重，调红或有馀。
波痕空映袜，烟态不胜裾。
桂岭含芳远，莲塘属意疏。
瑶姬与神女，长短定何如。

赠诗一方面是为了祝贺令狐绹升官，另一方面也是在解释自己跟随郑亚去桂林的始末。

对去桂林这件事，李商隐也算是心有余而力不足，他有一颗正直奋进的心，想要把自己追随的思想发扬光大，却每每都被现实打趴下，他就像是一颗冉冉上升的红日突遇漫天的乌云，怎么可能不收敛光芒，安分守己。

后到京兆尹处上任，京兆尹院内也开满了木兰，所以李商隐又写了一首《木兰花》。

李商隐去往府内为事很久一段时间，为韦博写了许多文稿之后才知晓其为牛党之人。“几度木兰舟山望，不知元是此花身。”李商隐对政治场的天真就在于他往往什么都不知道就陷入泥泞，当所有人对其颇有微词之时，他完全不理解这些人为什么如此，只知道老友令狐绹为他介绍了一份工作。韦博特意为李商隐刻了个章，用上等的牛角刻成，极其精致，他竟不知这章是牛党许多人都有的，李商隐最初认为是韦博让他多些成绩，后才意识到是令狐绹想让李商隐为牛党做事，这其中甚至还有迫害李党之事，李商隐也在不知情的情况下参与了进去。

在京兆尹府，李商隐又写一首木兰诗。对李德裕的愧疚已不必多说，更多的是愧对其上一任幕主郑亚，郑亚被贬没多久，李商隐竟然就要为郑亚之敌做事，这让李商隐如何是好，但当他意识到这件事时已经晚了。

这一首《木兰花》便是抒发如此纠结的心情。

洞庭波冷晓侵云，日日征帆送远人。

几度木兰舟上望，不知元是此花身。

虽说为京兆尹府做事这个举动非常不讲义气，但王氏并不知道这些，她只知道李商隐如今可以常常回家，王氏对他在家附近找到的这个新工作很满意。一对儿女也因为拥有李商隐的陪伴而非常开心。

但李商隐自从知晓自己的位置之后，在京兆尹府工作是如坐针毡，好在，到了冬天，这个境况又可以有机会改变了，卢简辞的兄弟卢弘正被调为徐州节度使，奏请皇帝让李商隐随之为判官，李商隐立刻就答应了。

第十八卷　日日征帆送远人

这一天，天降大雪，时至春季，乍暖还寒。李商隐衣着单薄，归家时，王氏拿着冬季披风在街口等他，嘘寒问暖，李商隐竟不知如何开口对王氏说起自己要去徐州的事，见王氏也是衣着单薄，李商隐愧疚不已。

深夜，李商隐还未睡，立在院中观雪景，写下《对雪》。

其一

寒气先侵玉女扉，清光旋透省郎闱。

梅花大庾岭头发，柳絮章台街里飞。

欲舞定随曹植马，有情应湿谢庄衣。

龙山万里无多远，留待行人二月归。

其二

旋扑珠帘过粉墙，轻于柳絮重于霜。

已随江令夸琼树，又入卢家妒玉堂。

侵夜可能争桂魄，忍寒应欲试梅妆。

关河冻合东西路，肠断斑骓送陆郎。

《对雪》写的是李商隐要对王氏说的话，王氏沉浸在幸福中才不过几个月而已，这一次不是出自李商隐之无奈，而是出自李商隐的自我选择，李商隐不忍心再告诉王氏这件事情，然而他自己已经作了选择。

李商隐在自己的志向与和王氏的夫妻生活之间做出了两难的选择，尽管王氏在李商隐的心中无比重要，但李商隐并没有因情爱而放弃自己的理想。

深情在心中，李商隐认为至上的感情理应放在心里，他对王氏感情之深，并不能用俗世的相伴来衡量，但每每李商隐要与王氏分别，或者当他远在他方时，对王氏的思念如滔滔江水不绝，想念到心痛，痛到觉得自己整个人只剩一颗破碎的心，而身体无力到失去了。

借这首对雪诗，李商隐许下了诺言，此番出去游幕，不管是去了天涯，还是去了海角，每年在与妻子相识的二月之中必定上报幕主，纵使千山万水，也要赶回家与王氏团聚。

王氏看到诗，眼中又泛起了泪花，不舍，揪心是无须多说的，但她对李商隐在仕途上的决定从来都不会阻挠或者反对，她永远是李商隐背后最大的支持者，李商隐若是风筝，她就是握线的那个人，她看着李商隐在天空中，在远方飘荡，她担心天上的风筝会不会遇到大风，会不会被风刮破，但她不会丢掉线，即使在狂风暴雨中，只要李商隐有自己想要追随的远方，她都会应允。

看完了诗的王氏对李商隐说："既然你心已决，便还是去吧。"

"家中就全靠你了，这么些年，辛苦你了。"

王氏说："一家人，怎么说这种话，你在外面要好好照顾自己，家中不用你操心。”

李商隐把王氏拥在怀中，愧疚不已。

李商隐知道这次离别时间会比较久，想让离别不那么伤人，便准备在这几日多陪伴王氏，第二日，他问王氏：“我这次出门之前，你最想做的事情是什么？”

王氏说，“我最想的是去樊南的院子坐坐，我想念曾经的日子，想念曾经住在郊外的日子，以前每个你在家的午后，我可以坐在院子里弹奏曲子给你听，而你总是听着曲子喝着茶，偶尔还会打个盹儿，那时多好啊。”

李商隐深有同感，他们曾四处安家，但住得最久的是樊南，所以他才会自称“樊南生”，他对樊南有着更加深厚的家的感情。

李商隐和王氏都对樊南有种家的依恋。

王氏说，“这次一别，也不知你多久才会回来，要不我们就再去一次樊南，让我像往常一样为你弹奏一曲吧。”

“好。”李商隐对这个提议当然不会有半点犹豫。

樊南是长安的郊区，离永崇里还有一点距离，王氏要带着自己的瑟，于是他们雇了一辆马车，顺便可以去郊区玩一圈。

如今，樊南院子是李商隐旧友在居住，见李商隐夫妇到访，便热情款待。旧地重游，他们发现后院原来的布置几乎都还没变。

亭子被友人打扫得干干净净，一片落叶一滴灰尘也没有，王氏拿着瑟，一如往昔地走了过去，还是坐在旧日的地方，弹奏起来，李商隐坐在她的对面，静静欣赏。

第十九卷　徒劳恨费声

从长安到徐州，途经与令狐楚河南商丘同幕旧地，想起令狐楚，作《青陵台》。

青陵台畔日光斜，万古贞魂倚暮霞。
莫讶韩凭为蛱蝶，等闲飞上别枝花。

李商隐对令狐楚的恩情难忘，为令狐楚写的诗非常多。

为了报答令狐楚的恩情，李商隐原本应该全力辅佐令狐绹，可是令狐绹却无法容忍李商隐，他误会李商隐与王氏婚姻的目的，他多次打压李商隐在朝廷中的地位，但这些李商隐都没有放在心上。令狐绹与宦官勾结，这是李商隐不齿令狐绹的地方。

虽说李商隐早年就认识到了令狐绹的思想龌龊，但还是屡次对其折腰，无论李商隐是为了得到什么，他对令狐绹的情谊还是在的，否则他也不会一到危难之际就去求助令狐绹，这也是对人的一种依赖。在令狐绹的身上他能够看到令狐楚的影子，他知道令狐绹比任何人都了解他，他知道令狐绹即使再恨他，也不会让他陷入生死困境，他对份情谊的自信还是有的。

徐州路上，李商隐思虑颇多，此番再度远游入幕，若是还无成绩，便是到死也就碌碌无为了。但有为又该是什么样子呢？他想起宋华阳以前曾说过的话，凡是自我真正想要的便能得到，得不到的便不足为憾，难道自己真正想要的是无为？

如果不是，为何不早早归附牛党，谄媚牛党，或许仍可得一生平顺，在朝廷中争得一席之地。

“无为”又是相对何处而言？若是对朝廷官职，那他当真是要无为一生了，但对乡野，对自我，对自己所坚持的思想来说，他自己现在所为正是顺应了自己的选择，称不上是无为，自我选择的放任便可不称作放任。

仍记得在去往桂林的时候，李商隐胸怀大志，满目雄光，如今去徐州则忧心忡忡。

但事实往往与所忧虑相反。

徐州之幕让李商隐心中豁然开朗，难得畅快，这主要是因为幕主卢弘正，二人合作，让李商隐找到了与王茂元共事时的欢乐，志向相同，议论朝政总能想到同一处，彼此心心相惜，自然工作愉快。

李商隐心情大好，思如泉涌，就在和卢弘正谈话间，突然拿起纸笔，挥挥洒洒地写下一首长篇诗。

《偶成转韵七十二句赠四同舍》

沛国东风吹大泽，蒲青柳碧春一色。

我来不见隆准人，沥酒空余庙中客。

征东同舍鸳与鸾，酒酣劝我悬征鞍。

蓝山宝肆不可入，玉中仍是青琅玕。
武威将军使中侠，少年箭道惊杨叶。
战功高后数文章，怜我秋斋梦蝴蝶。
诘旦九门传奏章，高车大马来煌煌。
路逢邹枚不暇揖，腊月大雪过大梁。
忆昔公为会昌宰，我时入谒虚怀待。
众中赏我赋高唐，回看屈宋由年辈。
公事武皇为铁冠，历厅请我相所难。
我时憔悴在书阁，卧枕芸香春夜阑。
明年赴辟下昭桂，东郊恸哭辞兄弟。
韩公堆上跋马时，回望秦川树如荠。
依稀南指阳台云，鲤鱼食钩猿失群。
湘妃庙下已春尽，虞帝城前初日曛。
谢游桥上澄江馆，下望山城如一弹。
鹧鸪声苦晓惊眠，朱槿花娇晚相伴。
顷之失职辞南风，破帆坏桨荆江中。
斩蛟断璧不无意，平生自许非匆匆。
归来寂寞灵台下，著破蓝衫出无马。
天官补吏府中趋，玉骨瘦来无一把。
手封狴牢屯制囚，直厅印锁黄昏愁。
平时赤帖使修表，上贺嫖姚收贼州。
旧山万仞青霞外，望见扶桑出东海。

爱君忧国去未能，白道青松了然在。
此时闻有燕昭台，挺身东望心眼开。
且吟王粲从军乐，不赋渊明归去来。
彭门十万皆雄勇，首戴公恩若山重。
廷评日下握灵蛇，书记眠时吞彩凤。
之子夫君郑与裴，何甥谢舅当世才。
青袍白简风流极，碧沼红莲倾倒开。
我生粗疏不足数，梁父哀吟鸲鹆舞。
横行阔视倚公怜，狂来笔力如牛弩。
借酒祝公千万年，吾徒礼分常周旋。
收旗卧鼓相天子，相门出相光青史。

全诗七十二句，写了李商隐和卢弘正在徐州共事时的愉悦以及闲暇时的惬意，共游山水，对诗听曲，饮酒作乐，极其痛快。李商隐一改往日愁容，诗中句句壮志，积极向上。

大中四年春天，李商隐奉命从徐州到关中去做文化交流，他带了一些徐州的刺绣文墨去与关中做个交换，接纳关中的回赠之后便回。

故乡汴州是从徐州到关中的必经之路。李商隐趁此机会在故乡住了几天，也就是这个时候他听闻燕台在吴中已经病故了，心情沉重而哀伤，他想去送别燕台，无奈任务在身。

他想写封信寄往吴中，带去他的哀悼，可惜吴中没有什么旧友在，信都不知道该寄给谁。巧的是，在汴州有一位马上去苏州游幕的诗人李郢，于是李商隐特意去拜访了李郢，与李郢说起此事，让李郢去吴中时帮忙祭奠燕台，这件小事李郢马上就答应了，不过李郢好奇李商隐为何如此在意这位老乡，李商隐便告诉了李郢这段故事。

李郢对李商隐的这段感情深感同情，答应李商隐一定代他去燕台的墓前祭扫。

李郢临走前，李商隐写了一首诗给他，在送别李郢的同时也表露出了对燕台离世的深深悲痛。

《汴上送李郢之苏州》

人高诗苦滞夷门，万里梁王有旧园。

烟幌自应怜白纻，月楼谁伴咏黄昏。

露桃涂颊依苔井，风柳夸腰住水村。

苏小小坟今在否，紫兰香径与招魂。

李郢原在汴州从事，如今要回到旧幕苏州做“梁园宾客”。梁园宾客是唐朝常用语，常用来比喻四处游幕的游士。姑苏城的江南风貌令人沉醉，但李商隐在诗中感叹姑苏城这么远，李郢独自去苏州，谁能与他相伴于月楼，吟诗于黄昏呢？

听闻吴中的佳丽露桃涂颊，风柳夸腰在小桥流水之间，更有曾经的名妓苏小小埋葬在此，燕台的命运和她相似，如今也香消玉殒在吴中。李商隐想要去吴中拜祭燕台，可这些地方又岂是李商隐想去就能去的，不得已只好让李郢把这份悼念带去。

李郢走后，李商隐久久沉陷于燕台离世的悲伤之中，他在想当年的自己是否还是不够努力，没能把燕台留于身边，没能把燕台找回来，若是能够挽回燕台，她的命运也不至于如此。

李商隐突然不想再待在家乡，便准备提前去往关中了，第二天，车队便离开了汴州。

在关中待了几月，直到快入秋，李商隐才回到徐州。

大中四年秋，令狐绹升为翰林之首，李商隐从徐州寄诗祝贺。

《越燕》

卢家文杏好，试近莫愁飞。

命侣添新意，安巢复旧痕。

记取丹山凤，今为百鸟尊。

“卢家文杏好”是写卢弘正，李商隐在徐州为卢弘正做幕僚，新侣旧职，“记取丹山凤”指令狐绹今为百鸟尊。虽然李商隐在庆贺令狐绹升为翰林之首，但他心中仍有苦涩，当年在令狐楚家，令狐楚常常褒扬李商隐而忽视令狐绹，如今令狐绹高高在上，李商隐自己却远在他乡做别人的幕僚，令狐绹早年还多次陷害李商隐，但如今李商隐还不得不依靠他，这之中的无奈只有当局者懂。

同样的起跑线，才华比令狐绹高，而今却天差地别，令狐绹一人之下万人之上，李商隐清贫无依羁旅漂泊，这就是人生的不公平。

《蝉》

本以高难饱，徒劳恨费声。

五更疏欲断，一树碧无情。

薄宦梗犹泛，故园芜已平。

烦君最相警，我亦举家清。

声是蝉声，也是李商隐之发声，声小而得不到重视，本想清高自居，却受现实所迫，一次次地去求助于他人，却仍然清贫一生，徒劳一生。

蝉声在警醒李商隐不要趋炎附势，然李商隐哪里需要蝉的提醒，他本就有一颗清高的心，李商隐无法真正地从内心做到谄媚权贵，所以才会举家清贫。他若真是一位谄媚权贵之人，生活不会这么惨。

大中四年冬，令狐绹位及宰相，李商隐又写诗抒发自己的感受，当然还是感慨世之不公，自认才高于令狐绹，却因为不深谙政治，不谄媚权贵，不懂为官之圆滑，而羁旅徐州。

令狐绹有令狐姓氏，但李商隐曾经也是令狐楚门下最得意之人，令狐楚把李商隐收在府中，目的是扶持令狐绹，倘若李商隐追随令狐绹，归顺朝中势力所向，不至于落入当前境地，一小小的幕僚官职还是李商隐放下身段，去求助令狐绹所得。

若是一心追随令狐绹会是什么境地呢，令狐绹当宰相，在牛党的扶持之下，李商隐必定能在自己最理想的秘书省中得最高官职，也就是翰林之首，当然这也只是猜测而已，谁也无法改变历史，更加无法揣测没有发生的事。唯一的事实是李商隐留下来的一首首诗，诗为李商隐所写，所写为所见，所写为所闻，所写为所情，不同经历者的感情自然不同，李商隐若是在朝中风生水起，不经历羁旅漂泊，或许他便写不出柔肠寸断的好诗，对其才情无所帮助，那如今为人所知的李商隐，只是翰林院一官，不再是晚唐小李杜了。

卢弘正对李商隐极好，尽管李商隐看朝中之变化，心存对朝廷对社会对命运的不满，但在徐州和卢弘正共事却很快乐。

然而天有不测风云，这样悠哉的日子持续了没多久，大中五年春，卢弘正因操劳过度薨于任上。

好友的离世对李商隐又是一次打击，他写了一首《海上》哀悼这位挚友。

石桥东望海连天，徐福空来不得仙，
直遣麻姑与搔背，可能留命待桑田？

卢弘正德才兼备，却无法等到入朝为相的那天，李商隐因卢弘正的去世而再次哀叹命运的不公，同时也在诗中感伤卢弘正的离去，自己又将再次落入寂寥无主的境地。

卢弘正丧事完毕一段日子之后，李商隐在徐州也无所事事了，于是李商隐准备打道回府，回长安与家人相聚。

第二十卷　柿叶翻时独悼亡

李商隐决定回长安之时，刚好就要到与王氏约定好的二月之期了，在李商隐和王氏分别的前一天，李商隐在诗中许下二月相聚的诺言，原本的打算，是等到二月时，跟幕主告假回长安，然而现在却成了——幕主去世，无处可去而归家。

从徐州回长安，路途遥远，因为李商隐的健康每况愈下，如今是无法走得快了，马车上的颠簸让李商隐难以忍受很久，于是只好走走停停，以往一个月的路程如今似乎要走上两个月才行。

一日，路上遇到一片树林，李商隐实在不想再坐马车了，便下去休息，他见这片树林风景极好，恰逢春天，树枝刚发新芽，树下面有几簇缠绕着的迎春花，黄色小花开得秀气可爱，淡淡芳香引来不少蜜蜂，李商隐便席地而坐了，他在地上放空了自己，想要小憩一会儿，耳边传来嗡嗡的声音，原来是有一只蜜蜂飞过他的耳朵，蜜蜂用力地挥动着翅膀，孤单地盘旋，它时而跳起来到半空，时而停在树干上，看这孤独的一只蜜蜂，李商隐感觉自己就像这只蜜蜂一样，有感自己的处境，写下一首诗。

《蜂》

小苑华池烂熳通，后门前槛思无穷。

宓妃腰细才胜露，赵后身轻欲倚风。

红壁寂寥崖蜜尽，碧帘迢递雾巢空。

青陵粉蝶休离恨，长定相逢二月中。

小苑华池是指宫中翰林院的花池，李商隐当年在秘书省任职，便是等候在后院，听上司差遣，闲暇时就赏花游园。然身份之卑微，党派之迫害，使李商隐落到今日之境地，他越想越哀伤。

如上天捉弄般，再次失去官职，纵然心中万般无奈，好在得以有机会与妻儿团聚，李商隐满心期待。

马车刚进长安门，闻到长安城的味道，李商隐的心就雀跃了起来，这是属于长安城的特殊味道，京城高耸的城门尚未关上，李商隐站在城门中间，里面是安宁的烟火气息，外面是一片荒芜的郊野，里面是热闹的，外面是寂寥的，里面的热闹凝聚成一种家的暖意，只有在长安城生活多年的人才能感受到。

王氏在的地方自然就是李商隐的家，李商隐回头看到护城河边妖娆的杨柳树，看到长安城的城门，就仿佛看到在家门口那个等候他的妻子。

许久未见，不知妻子是胖了还是瘦了，尽管已是老夫老妻，但聚少离多让他们格外珍惜在一起的日子。

每次重聚，王氏还和初见李商隐时一样羞涩，眼中是掩饰不住的笑意，她是爱慕李商隐的痴心女子，也是李商隐的妻子，她帮李商隐洗尽远方的疲劳，带他重回家庭的柔情，她对李商隐所说的每句话都没有棱角，如夏风清洗过的荷花，透彻温柔，沉静安宁，每一种温柔都是熟悉的，熟练的，仿佛是一种与生俱来的关切，里面沉淀的是多年来王氏对李商隐的爱。

李商隐像个游子，而王氏和母亲一样慈爱。

马车进了长安门，李商隐就不急了，像是要多享受一刻幸福到来前的期待，他慢慢地往家里走。

远远地，李商隐看到家门了，竟然没有妻子的身影，李商隐心想难道妻子正好有事？于是，快马加鞭跑起来，到家门口时，李商隐没有忍住重逢的喜悦，冲进了屋子。谁料，家中一片素青，白色挽联挂满屋梁，李商隐困惑不已，心跳瞬间加速，这一刻紧张和害怕的情绪同时涌来，他丢下包裹，快步走进屋，看到的是抱着衮师的王氏姐姐，女儿在一旁习字，手臂上戴着一圈黑袖，李商隐呆滞在了原地。这一年，李商隐又消瘦了，两鬓斑白，脸颊凹陷，他看着家中这样的境况，双腿快无法站立，女儿跑上前，叫了声："父亲。"

李商隐走进堂屋，屋里放着的是王氏的灵牌，李商隐走上前去，不敢相信地看着这一切，他再三确认灵堂里的牌位，看是不是有人写错了字，他回头看了眼王姐姐，姐姐低着头，不忍看到这一幕。

李商隐问："这是怎么回事？这是晏媄的灵位吗？她人呢？"

王姐姐说："她……节哀吧。"

"什么时候发生的事情？为什么不告诉我？她……怎么了？为什么？"李商隐流下了泪水。

“去年秋天，她不肯让人通知你，当时走得也突然，病情恶化没几天就去了。”

王氏去世的时候没有通知李商隐，王氏知道就算通知了，李商隐也来不及赶回家见最后一面，为了不耽误李商隐的正事，再三地嘱咐家人不要告诉李商隐。

王氏姐姐现在在李商隐家里照顾王氏留下的一对儿女，李商隐回家时，原本已平静的李家又开始哀号，他们都在为李商隐再难过一次，仿佛如此能减轻李商隐的悲痛。

千古哀伤成就千古挽歌，这便是那首一起吟过的《锦瑟》。

泪水没有断线地流淌，李商隐的耳边传来窸窸窣窣的声音，老天垂怜，也为此刻感到了悲伤，屋外开始稀拉下起小雨，滴滴细雨屋檐落，李商隐走到院子里，一动也不动地淋雨，他想要用身体的静止来抚平心中翻涌的哀伤，雨水滴到李商隐的脸上，和泪混在了一起，雨绵绵，如同王氏的发，一帘帘细雨层层落下，如同李商隐无法断绝的悲伤。

《细雨》

帷飘白玉堂，簟卷碧牙床。

楚女当时意，萧萧发彩凉。

淋着雨的李商隐头顶上出现了一把伞，原来是王氏的婢女，她递给李商隐一封信，是王氏临走前留下来的。李商隐轻启信笺，上面似乎还留有妻子的气味，展开信，他仿佛看见妻子就站在眼前的烟雨中，和以前一样温柔地对李商隐说："我夫以志向为重，不必悲伤琐事，此生相逢，儿女双全，足矣。"

收起信笺的李商隐慢慢走回房间，他坐在以往王氏经常坐的地方。

被雨淋湿的头发一缕缕地贴在李商隐的脸上，他没有去擦，水滴滴到了地上，他想起有一次回家，也是刚好淋了雨，妻子立刻走上前来给李商隐擦干，还去厨房亲自做了姜汤端过来。

妻子真的不在了么？

他抬起头，看到了王氏的灵牌，像一把剑，戳穿了李商隐早已伤痕累累的身体。

李商隐开始剧烈咳嗽，旧病恐怕又要复发了。

第二十一卷　相见时难别亦难

李商隐思考了很久，忏悔了很久，当他再次清醒，他想起临别前妻子是多么的希望他留在长安城里，他望着一对嗷嗷待哺的儿女，想着要如何振作起来，要如何才能让他们过上好的生活？

他难免地想起了令狐绹。

令狐绹已搬离了原来的住处，如今住在御赐的宰相府，不知是令狐绹有意为之，还是宰相府本就对任何人都警卫森严，李商隐从徐州归来第一次去拜访令狐绹，竟然被挡在门外。无论李商隐如何跟门前守卫解释，守卫仍对这样一位从未到过相府的人心生怀疑，李商隐让守卫去禀报，他在门外等，守卫也不肯。

过了几天，李商隐又去了，纠缠许久，守卫总算愿意去帮他通秉令狐绹。

没一会儿，守卫回来，便带着李商隐进了相府。

如今的府邸确实胜过以往了，仆人婢女似乎都是经过挑选的，和宫中不相上下的伶俐，一队守卫正在府内来回巡逻，李商隐走了很久才到书房，守卫对李商隐说令狐绹让他在此等候。

李商隐等了半个时辰，喝了几盏茶，才终于见到久违的令狐绹。

几年未见，令狐绹又红润了许多，而李商隐看起来比令狐绹大了一轮，满脸沧桑。

令狐绹见李商隐满脸忧伤，他知道李商隐还沉浸在失妻之痛里，问过李商隐家中近况之后，令狐绹想知道李商隐有什么打算，令狐绹如此说来就是有帮助李商隐的意思，但李商隐却没肯开口，说并无任何需要帮助之事，令狐绹见李商隐还是以往那倔强的样子，想施以援手的心又收回了，他想这次就非等李商隐低头不可。

两个人的心意都很明显，却不肯说破，李商隐看局面僵硬，便要告辞，不过临走前他告诉令狐绹，可不可以告诉守卫一声，自己是宰相熟知的人，下次好直接来拜访，令狐绹答应了。

李商隐回去之后，又反悔自己不够直接，既是有求于人，又何必在乎颜面？

几次三番拜访令狐绹又耻于低头的李商隐写下一首有名的《无题》。

相见时难别亦难，东风无力百花残。

春蚕到死丝方尽，蜡炬成灰泪始干。

晓镜但愁云鬓改，夜吟应觉月光寒。

蓬山此去无多路，青鸟殷勤为探看。

相见时难别亦难，如今令狐绹贵为宰相，岂是李商隐想见就有得见，自然是相见时难，而别亦难是因为每次李商隐准备好要与令狐绹说的话，见了面之后又说不出，走的时候万分揪心。

东风无力百花残，一方面是写如今的景色，晚春，花谢，更深层的是讲自己的年纪已经到了晚春花残的时候了。

春蚕到死丝方尽，蜡炬成灰泪始干。是说自己如今对令狐绹之心，愿意为令狐绹做事情，愿为其赴汤蹈火，在所不辞，隐含的意思就是希望令狐绹能引荐他担任一个官职，好让他的一颗报效之心发挥到极致，到蚕丝尽蜡泪干的时刻。

晓镜但愁云鬓改，夜吟应觉月光寒。叙述了自己如今的心情，希望令狐绹能够理解，施以援手。

蓬山此去无多路，青鸟殷勤为探看。是说去相府虽不远，但也不易，李商隐日夜盼望着令狐绹的回应，自己没有脸面天天都去，只有让青鸟殷勤地去打探消息。

李商隐写好装于信封，差人送去相府，令狐绹看了之后没多久就招李商隐来府，令狐绹不是因为诗中感情而感动，他有一丝同情李商隐失妻又无事可做，但更多的是他看到了李商隐的才华，想剥削李商隐仅存的一点价值为己所用，而令狐绹也不可能真正去帮助李商隐，他只会把李商隐安排在一个他可以把握的地方，一个李商隐发挥不了才华，只能勉强糊口的地方，所以令狐绹引荐了李商隐，授其太学博士之职。

李商隐最早的老师，即他的叔父就是太学博士，太学博士就是宫中老师，在国子监太学讲经，教太学生读写文章，这个官职回应了李商隐只想糊口的意愿，且这职位一点实际权力也没有，正是令狐绹安心的职位。

《无题》两首

其一

来是空言去绝踪，月斜楼上五更钟。

梦为远别啼难唤，书被催成墨未浓。
蜡照半笼金翡翠，麝熏微度绣芙蓉。
刘郎已恨蓬山远，更隔蓬山一万重。

其二
飒飒东风细雨来，芙蓉塘外有轻雷。
金蟾啮锁烧香入，玉虎牵丝汲井回。
贾氏窥帘韩掾少，宓妃留枕魏王才。
春心莫共花争发，一寸相思一寸灰！

李商隐担任太学博士期间，令狐绹让其为令狐楚写追忆书，此诗便是写书之时的有感而发。书被催成墨未浓，李商隐心知肚明令狐绹是因为他的一点诗情尚有可利用之处，所以才帮助他，把他留于相府，催他成书，催促之急，使写下的字着墨都不浓。

当初令狐绹为翰林之首，李商隐就觉得他们之间的距离越来越远，如今令狐绹贵为宰相，更隔蓬山一万重。

尽管李商隐总是把令狐绹看作恩人，也非常理解令狐绹对其的所作所为，但是他仍然能够感受到令狐绹对他的冷落以及怨恨，所以李商隐开始伤情，他知道无论如何，令狐绹都不可能如同令狐楚那般，无论如何，他们之间始终都有一层隔阂。

在这个李商隐几次三番求来的博士职位上，李商隐郁郁寡欢。

第二十二卷　无家与寄衣

原本李商隐以为余生就要如此度过，谁知朝廷之中竟还有记得他的人，此人便是梓州刺史，东川节度使柳仲郢，他和李商隐一样在牛党李党间摇摆，但境遇却和李商隐完全相反，柳仲郢在两党中都拥有较好的威望，得到很高的地位，他器重李商隐的才华，在朝堂之上频频为李商隐发声，他认为李商隐这样的人才做博士，实在是太屈才，于是上奏请调李商隐为判官，跟随他从事幕僚工作。

柳仲郢和李商隐的前任幕主郑亚相同，他为让李商隐安心跟随他前往梓州，柳仲郢为李商隐预支了一年的俸禄让其留在家中，这俸禄比郑亚给得多很多，让李商隐非常感动。

感动虽感动，可是如今王氏不在，李商隐再也感受不到和王氏一起享受生活状况改变的喜悦了。

更何况儿女还需要自己的照顾，若是自己远去梓州，是带着儿女还是让儿女留在长安呢，这该怎么办才好？

带儿女去梓州确实不可行，李商隐在外游幕已久，他明白在外不安定的生活对孩子的成长并不好，他认为还是把儿女留在长安生活更好，只是缺少一个可以照顾儿女之人。

以往王氏在世之时，李商隐虽住在长安，但因为工作关系，常年不在家，一对儿女基本上都是王氏和王氏婢女在带。考虑再三，他决定跟随柳仲郢去往梓州，在去之前会想办法妥善安排家中儿女的生活。

没过几日，王氏姐姐和韩畏之来探望李商隐。

恰逢当日王氏婢女有事回家了，李商隐独自在家照顾儿女，家中乱得一塌糊涂。

王氏姐姐看到此情景，她看这妹夫家中，花草枯黄，饭桌狼藉，两个小孩坐在门槛上，女孩的头发和鸡窝一样，男孩的衣服前面一大块污渍。见姨母来了，两个小孩抬起头望着姨母，楚楚可怜。

王姐姐转过头对李商隐说："这哪里像个有人烟的屋子，你也不至于过成这样吧。家中婢女仆人呢？"

李商隐说："仆人都遣散了，只剩下晏媄的婢女，这几日有事回家了，平日里其实不是这个样子。"

王姐姐叹了一口气，这两个可爱的小孩让王姐姐心疼不已，她还想责怪李商隐，看李商隐一脸颓废满眼哀愁又不忍心接着说下去，于是便去给李商隐的女儿梳了头发，给小孩换了新衣裳，旧的拿去准备洗了。

王氏姐姐忙里忙外，李商隐让她休息，她也不休息。

李商隐便只好去招待韩畏之喝茶。茶间，韩畏之问李商隐是否决定好去梓州，若是要远行，那一双儿女怎么办，李商隐正想把儿女委托给他们的姨母照顾，洗完衣服的王氏姐姐听到他们的对话就说："你要是还想离开长安，孩子都去我们家吧，我来带，反正都是一家人。"

李商隐正想对他们说起此事，刚好王氏姐姐说了，李商隐又有点惭愧又很无奈，没有了王氏的家他实在是过不下去。于是，他便进一步说起王氏的陪嫁婢女，如今年纪也不小了，没有别的地方可去，一双儿女离不开她，不知是否可以让王氏婢女跟过去，王氏姐姐应允，让他们都住到她家中去，等李商隐下次回长安再商量以后的事情。

把儿女交给王氏姐姐是再好不过的安排，李商隐感激不尽。

这一年，李商隐已三十八岁，愁得两鬓斑白，顽疾心伤催人老，现在的李商隐如同一个小老头。这一去，不知何时是归期啊，李商隐看着长安城的一切，有一些不舍。但是离开这里，或许可以忘记往日的悲伤，从头开始。这也是妻子临终前的遗愿。

临走前，韩畏之来送行，李商隐作诗给韩畏之留念。

佳兆联翩遇凤凰，雕文羽帐紫金床。
桂花香处同高第，柿叶翻时独悼亡。
乌鹊失栖长不定，鸳鸯何事自相将。
京华庸蜀三千里，送到咸阳见夕阳。

当日他与韩畏之一起高中，同为王茂元女婿，何等风光，同享快乐。而柿叶翻时独悼亡，如今李商隐自己的妻子却在柿叶翻时去世了，韩畏之夫妇还是成双成对，李商隐只能孤独地哀悼了，柿叶翻便是指代秋季。

乌鹊失栖长不定，乌鹊失去了栖身之所，流离不定，失去王氏的家早就不是家了，住处没有变，却失去了家的温暖，再以后的日子，当真是一个人独自漂泊了，那个曾经思念的人已入黄泉，李商隐在外游荡，连心也没有了安放之处。

十月中旬，柳仲郢、李商隐一行启程。这一路，从秋天慢慢进入寒冬，天气日渐寒冷，至散关，天终降大雪，雨雪交加中，李商隐被冻得瑟瑟发抖，他才蓦然发现，自己竟然忘记带冬季的衣裳。这么些年，每一次外出的包裹都是王氏收拾的，李商隐自己根本就不会打理行装。

在寒冷的雪中，李商隐想起以前每一个与王氏分离的冬天，王氏都会来信问候他穿得暖不暖，而如今……想到此，李商隐悲从心起，心中升起一首悲伤的诗。

剑外从军远，无家与寄衣。
散关三尺雪，回梦旧鸳机。

判官主军事。剑外从军远是说他在外从军，远离家乡，家中再也没有人会关心他穿得是否温暖，再也无人寄衣，散关大雪有三尺之厚，他回想起以往在樊南，与王氏窝在家中，看书写诗，织布弹瑟，往事一幕幕，让李商隐泪眼婆娑。

散关的雪下得越来越大，李商隐一行便停歇下来，准备等雪停了再走，一路上走走停停，直到十二月才抵达梓州。

一到梓州就进入了判官的角色，军中杂事繁多，李商隐无暇再回忆往日悲事，军务之繁忙在李商隐的诗中可见。

《三月十日流杯亭》

身属中军少得归，木兰花尽失春期。

偷随柳絮到城外，行过水西闻子规。

李商隐在军中，几乎每天都被军务缠身，经常忙得就地而寝，住处都很少归。

这是一年春天，三月十日，在繁忙之中偶尔透过军营，他看得到远处的木兰花开了，但也只是瞄几眼而已，并没有时间去安静地赏花。

又过了几日，抬头再望，发现在不知不觉中，木兰花都已经谢了，枝干开始发嫩芽。

再一晃眼，嫩芽变成了叶子。

木兰花开花谢，大地在春天悄然变了模样，这明明是渐渐发生的，李商隐却因为繁忙而将其看成了一蹴而就的。一眨眼春来了，一眨眼春天结束了，时间如梭，遥想春天的景色，多么怡人，而李商隐没有时间去观赏，只能把一颗想要春游的心寄于柳絮身上，随风起飞，飘到城外，飘过小河，去听子规的美妙歌声。

柳仲郢看李商隐一个人日日待在军中，一点也没有生活的气息，想给李商隐介绍一续弦，被李商隐拒绝了。

王氏去世之后的第二年秋天，到王氏忌日那天，李商隐祭拜完毕，回到书房，他默默展开了王氏生前的画像，对着王氏的画像频频落泪，此画为长安名匠所画，栩栩如生，泪眼模糊中，李商隐感觉王氏就站在他的面前，李商隐轻抚画像，多想回到以前的日子，大中六年的秋季，李商隐写了三首《李夫人》祭奠亡妻。

《李夫人》

一带不结心，两股方安髻。惭愧白茅人，月没教星替。

剩结茱萸枝，多擘秋莲的。独自有波光，彩囊盛不得。

蛮丝系条脱，妍眼和香屑。寿宫不惜铸南人，

柔肠早被秋眸割。清澄有馀幽素香，鳏鱼渴凤真珠房。

不知瘦骨类冰井，更许夜帘通晓霜。土花漠漠云茫茫，

黄河欲尽天苍苍。

李商隐表示自己要孤独终老，不会再娶。他是借诗回应柳仲郢为他找续弦一事，也是借诗对王氏诉说自己最近的生活。每当他在写王氏的时候，王氏就仿佛站在李商隐的眼前，李商隐一边写也就是一边对她娓娓道来："你知道吗？尽管你已不在了，可是我的心中只有你，我这一生只有你一个妻子，余生不会再娶，余生我会在对你的想念之中度过。直到某一天，我终于可以去地下与你相见。在人世上，我们总是离别，这是我对你的愧。你去世以后，对你的思念就陪伴着我，也就是我心中的你陪伴我，所以我们从不分离。"

在李商隐的心中，王氏是此生唯一的妻，"惭愧白茅人"，是对柳仲郢表示惭愧和感谢。

秋季重阳节就要到了，这也是王氏去世的季节，茱萸和秋莲都有长寿的象征，而就在祝福人长寿的重阳节前，王氏却早逝了，这该多么令人

伤心。

自从那年的重阳节以后，李商隐就再也见不到王氏一双波光美眸了。

“清澄有馀幽素香”是写王氏的模样，“鳏鱼渴凤”乃李商隐自喻，真珠房则是指他现在居住的地方，李商隐多么的想念妻子，可惜妻子已经是瘦骨冰冷，眠于地下了，眠于一个土花漠漠云茫茫的地方，黄河尽，天苍苍，也无法制止李商隐对王氏的想念。

冬季在繁忙的军务中一晃而过，转眼已是大中七年春天，李商隐看天清气朗，出门踏青，作一诗《二月二日江上行》。

二月二日江上行，东风日暖闻吹笙。
花须柳眼各无赖，紫蝶黄蜂俱有情。
万里忆归元亮井，三年从事亚夫营。
新滩莫悟游人意，更作风檐夜雨声。

二月二日，李商隐在东川游江，江面上春风暖暖，远处似乎还有人在吹笙，笙声淡淡地悠扬地传到李商隐的耳边，李商隐一边听笙一面欣赏江上春景，一切都很惬意。

河岸边的柳树正在发芽，早春的花也开了，隐约能看见花朵上的蝴蝶蜜蜂，似乎年年都是那几只，那飞翔的姿态，停留的花朵，每年春天都是这个样子，眼前的一切在一年之后又归来了，而自己却在这军中待了三年没有回长安。蝴蝶和蜜蜂都似乎比他更有情。

李商隐描写了春天一派欣欣向荣的景象，事实上却是为了衬托自己思念家乡的哀愁。

柳仲郢当日正在宴客，差人送了口信给李商隐，让他晚上务必回来参宴。

李商隐有痨病，年纪大了之后，王氏就再三嘱托不能饮酒，王氏在的时候李商隐是怎么都不喝的，但这晚他没有忍住，小酌了几杯。

几杯酒下肚，李商隐就头晕醉倒了，坐于屋前写醉诗。

《夜饮》

卜夜容衰鬓，开筵属异方。

烛分歌扇泪，雨送酒船香。

江海三年客，乾坤百战场。

谁能辞酩酊，淹卧剧清漳。

李商隐见宴席之上，歌女跳舞助兴，却被一些宴客要求陪酒，有一些无礼的宴客为寻自己欢乐，让歌女不停地喝酒，逼迫歌女做一些不愿做的事情，歌女没有办法，只能顺着这些人。歌女的身份太卑微，一不小心就会被宴客欺凌，这些宴客仿佛并不把歌女当作人，李商隐看到了歌女的眼泪，如今的他，看起来和宴客是同一类人，但其实不是，他不喜欢这种场景，要迎合，要假言欢笑，李商隐的心无比抗拒，到最后，实在忍不住了。于是他拎起酒，走到了远处的亭阁里坐了下来，独自喝着，他远远地看着这些同僚，虽然李商隐和这些人穿着相似的衣服，戴着相似的官帽，但他感觉自己和他们是不一样的，自己始终无法和他们一样，那是不属于自己的另一个世界，喝到醉了，李商隐半躺在亭阁的长椅上，喧闹的宴会渐渐消音。他抬头望向天空，天空上几处零散的星光，他看向远处漆黑的夜，透过黑夜，是无穷的宁静和悲凉，远山上，有一处灯火，灯火微小而昏黄，不仔细看，还以为是天空上的一颗星，但灯火就是灯火，它是静止的，它是会熄灭的，它无法跳过山头，飞向天空，即使飞过去了，天空也容不下它，它和天空格格不入，和星光相比，差得太远。

李商隐心想，自己就如同远山上的灯火，在山顶眺望闪烁，想翻越山顶去做繁星，却无法改变自己的出身，无法融入那不属于自己的世界。也就只有自己这样的出身会去同情卑微的歌女，会体会到同僚体会不到的心情，依同僚们的地位怎么会如此感伤？

在同僚的眼中，卑微的歌女和路边的草，街上的灰尘一样寻常。或许是他们无情，但这无情本应是个人的品格，怎么这一群人都这样呢？同样生而为人，是什么催生了对歌女如此不屑的态度，难道是因为他们的地位太高，高到和贫穷的人活在不同的世界里，接受着不同的文化熏陶，那为何我却能看到歌女眼中的情愫，对生活的反抗，对社会的无奈，这样的眼神和我太像了，我不应该属于喝酒的那一类人吧，更应该是和歌女，和野草、灰尘一类的。

李商隐同情歌女，又有谁能同情他呢，他在诗中感叹他的出身同样卑微，在自己不应该进入的世界里，一路走来非常艰辛，如今又在这异乡一待就是三年，经历了太多的坎坷挫折。

悲悯歌女，也是悲悯自己。

结束了一场宴席之后，李商隐独自泛舟夜游西溪，西溪是梓州一景点，是一狭长的小溪，溪边有郁郁葱葱的树林，树枝垂到小溪水里面，显得溪更加细长，刚好可容一小舟经过，小溪不是处处都如此狭窄，划过一百米便豁然开朗，能看到岸边的人家依水而住，几处低矮的小屋被雅致的院子包围着，院子的出口是一石头铺的阶梯，一直通到小溪里。李商隐想起曾经和妻子在永乐的屋子，离河不远，妻子便是一早去河边洗衣，晚上去河边洗菜。

李商隐的诗《西溪》记载了他独自夜游西溪的情景。

近郭西溪好，谁堪共酒壶。
苦吟防柳恽，多泪怯杨朱。
野鹤随君子，寒松揖大夫。
天涯常病意，岑寂胜欢娱。

李商隐怅望着西溪水，和热闹的宴席相比，李商隐更加喜欢这样安静的独游，夜晚西溪寂静，静得让他忘记身在何处，忘记所有的伤心之事。

大中七年秋，写诗《写意》。

燕雁迢迢隔上林，高秋望断正长吟。
人间路有潼江险，天外山惟玉垒深。
日向花间留返照，云从城上结层阴。
三年已制思乡泪，更入新年恐不禁。

大中年间，李商隐写了许多思乡诗，诗中都提及“三年”这个时间，可见李商隐确实认为自己远在异乡太久。“三年已制思乡泪。”想要回长安看看亲友，但军中事务又极其繁忙。

重阳将至，这是王氏去世的第三年忌日，李商隐写诗悼念。

《属疾》

许靖犹羁宦，安仁复悼亡。

兹辰聊属疾，何日免殊方。

秋蝶无端丽，寒花只暂香。

多情真命薄，容易即回肠。

三年已经过去了，李商隐的心中仍然只有妻子一人，李商隐的健康每况愈下，在难挨的病痛之中更加思念已故的王氏，秋季的蝴蝶再好看，菊花再香，李商隐也没有任何欢喜可言，悲痛与思念占据了李商隐的心。

人总是在失去之后才懂得珍惜，王氏在世的时候，李商隐总是在外游幕，觉得自己在外兜兜转转，总有一人在长安等着他，如今这人不在了，李商隐像失去了寄托一般，活着不如死去。

《七夕》

鸾扇斜分凤幄开，星桥横过鹊飞回。

争将世上无期别，换得年年一度来。

大中八年七夕，李商隐写下此诗。七夕佳节，佳偶对对，只有李商隐孤身一人，当年李商隐为王氏写了多少七夕之诗。

还记得有一年七夕，李商隐和王氏走在热闹的长安街道，王氏问李商隐：你认为牛郎和织女是幸福还是不幸。

李商隐说牛郎和织女是不幸的，明明相爱却不得见，双双没有自由，只能在鹊桥相会，一年一次时间也太少太短暂了。

如今若是王氏再来问，李商隐一定会说牛郎和织女是幸福的，一年有三百多天的期盼，终于能迎来一天的相聚，这一天承载着的幸福更多，更何况和牛郎织女相比，李商隐是永远也无法再见到王氏了，这样的期盼是虚无的，思念是悲哀的。

在此团圆的节庆里，一首《七夕》竟然成了悼亡诗，李商隐羡慕牛郎织女，他们好歹一年也能相会一次，而自己和王氏却是阴阳相隔，后会无期。

第二十三卷　夕阳无限好

大中十年春季，柳仲郢被调回长安做盐铁使，他奏请调李商隐为江东盐铁推官。江东在今芜湖至南京一代中间，李商隐回长安休养了一段日子便赶往江东赴任，从长安到江东，途经吴中，这里埋葬着李商隐曾经的挚爱：燕台。

大中四年，燕台离世之时，李商隐无法亲自赶往吴中，托好友李郢代为祭扫。

如今自己正好要经过吴中，便准备亲自祭拜一下燕台，不过他不知是否还能找到燕台的墓碑。通过李郢的书信，他大概知道燕台所葬之处，但这样卑微的歌妓，恐怕死后也不为人知，能保留墓碑土坟已是难得。

《和人题真娘墓》

虎丘山下剑池边，长遣游人叹逝川。

罥树断丝悲舞席，出云清梵想歌筵。

柳眉空吐效颦叶，榆荚还飞买笑钱。

一自香魂招不得，只应江上独婵娟。

真娘也是吴中名妓，和燕台在吴中的情况类似，虎丘山在吴中，“长遣游人”说的是李商隐自己，“叹逝川”则是为燕台之离世而哀伤。

李商隐能想象得到曾经燕台在吴中沦为歌妓时的样子，在宴席上悲歌，强颜欢笑，心中是无尽的悲伤，不知那个时候，燕台是否还记得曾经有个爱她的李商隐，为了她而追赶了一整年的春夏秋冬，她是否后悔过在石城没有勇敢一点和李商隐私逃。

李商隐在墓林里找到了燕台的坟墓，墓碑上刻着燕台的名字以及去世的时间，坟墓被打扫得很干净，坟前还放着一整盘点心，三根烧了半截的香散落在地，可见经常有人来祭拜燕台，李商隐想这个人应该是燕台的妹妹。

当年燕台的妹妹被一起卖给富商，应该是一起又被富商卖给了妓院，如今燕台去世了，会来看望燕台的，也就是她了。李商隐多方打听，终于找到了燕台妹妹所在的妓院，因为曾经燕台和燕台妹妹两个人长相出众，舞姿动人，所以在歌舞坊间非常有名，李商隐寻找也不难。如今燕台去世了，燕台妹妹仍然在原来的妓院。

李商隐走进这家妓院，见到了燕台妹妹，燕台妹妹还认得李商隐，在遥远的他乡遇到旧知，燕台妹妹泪眼婆娑，说起燕台，更是泣不成声，李商隐心情也很沉重悲痛，不知该如何安慰她，两人沉默许久，李商隐想问她需不需要帮助离开这里。

但妹妹说离开了这里也不知去什么地方，如今在这里已经习惯了，更何况姐姐在此，以后便和姐姐一起埋葬在这里吧。

李商隐见燕台妹妹虽沦落在妓院，但情况生活不错，而李商隐自己年老至此，也是四处流离，如何帮得了这同是可怜人的妹妹。

离开了吴中之后，李商隐便去往江东赴任了，在江东就职期间，李商隐的身体已经越来越差了，到大中十一年，柳仲郢罢盐铁使，李商隐也辞了官，回长安休养。

李商隐回长安之后，旧疾频频复发，柳仲郢让其带职休养，李商隐感觉到自己时日已不多，没有接回儿女，只在韩畏之家中住了一段时日便四处游历去了。

这之后便是李商隐生命中最后的几年，李商隐去了很多旧地重游，他去了李十将军的旧居，那里曾经是李商隐与王氏洞房的地方。

潘岳无妻客为愁，新人来坐旧妆楼。
春风犹自疑联句，雪絮相和飞不休。
长亭岁尽雪如波，此去秦关路几多。
惟有梦中相近分，卧来无睡欲如何。

旧居如今已成了别人的住处，住着一对年轻的夫妻，李商隐去拜访了他们，见他们恩爱和乐，非常羡慕。

再看自己，妻子去世多年，长年孤身一人，尽管旁人一直在为他续弦而操心，但他心中只有王氏一人。

更何况如今身体大不如以往，也不想再耽误别的女子。

李商隐打算以后的人生就这样孤独地过了，每天所期盼的便是在梦里可以再见妻子，这已足够。

后来，他去了樊南，刚刚进门，往日的熟悉感就让他泪流满面。无数次，他去别的地方归来，远远就看见王氏在门口等他，又或者他一进门，就有王氏递来温暖的茶水，接过手上的外衣。

他走进门，王氏的影子就在面前，又仿佛，王氏就在家中别的地方，只要过一会儿，她便会过来和李商隐说话，问他这次出门发生了什么事情，身体是否还好？

他去了后面的院子，那里是王氏经常弹奏锦瑟的地方，院子的中央有一个亭子，以前锦瑟就一直放在亭子里，他记得王氏的瑟，后来一直搬家，自己不在家也不知道王氏把瑟放在了什么地方。现在正是秋季，亭子里落满了枯黄的叶子，李商隐拿来扫帚，一点点扫了去，以往每年的秋天，王氏就是这样慢慢地扫落叶，李商隐还会对王氏说，为什么要扫去落叶，落叶在亭子里也是好看的风景啊，王氏就会笑着说："我扫了今天的落叶，是为了迎接明日的啊。"

春天的时候，外面下雨，王氏就坐在亭子里一边看雨一边缝衣服，李商隐远远看着，觉得妻子和春天刚发的枝叶一样是翠绿色的。冬天的时候，太阳好，王氏就在亭子里织毛衣，有时候太温暖了，王氏还会打盹儿，这个时候李商隐觉得妻子像太阳，是温暖的橘黄色的。

然而此刻，樊南是灰色的。

别地萧条极，如何更独来。
秋应为黄叶，雨不厌青苔。
沈约只能瘦，潘仁岂是才。
杂情堪底寄，惟有冷于灰。

樊南的秋景让李商隐心冷于灰。有妻子的樊南是五颜六色的，红叶纷飞，雨过青苔，如今满目皆灰，都是因为妻子不在了，秋色载着失去妻子的离恨，自然没了颜色，和天空一样发灰发白。

在樊南坐了整整一天，出来之后心情极度压抑，便和往常一样驱车去了东南方向的乐游原，乐游原原本应该叫乐游苑，因为此处本来是一处庙宇，庙宇外面极其宽敞，所以才被人称作乐游原，樊南离乐游原不是很远，李商隐每每心情不好的时候就会到此地走走，以前也和王氏一起来过。

抵达乐游原之后，李商隐慢慢走到地势最高处，他望着远方，橘黄色的夕阳正在西沉，一点点从云层中下坠，夕阳忽而在晚霞之上，又忽而掩藏于晚霞之中，天便随着夕阳的微露渐藏而忽明忽暗，从地势稍高的乐游原上看长安是分明的，长安的上空是白天，屋顶却被一片金黄沉沉地盖住，让屋顶下的城池变成了黄到发黑的色彩，好似夜景，李商隐眼前是一片渐变的世界，他站在乐游原上方还照得到一丝光芒的地方，随着太阳渐渐往下沉，渐渐地要和黑暗的城池融为一体，乐游原仅剩的一点光芒渐暗，李商隐追着这一点光芒移动，想要趁着太阳落下的最后一秒再看看这白天的长安，但很快，天彻底黑了。

《登乐游原》

向晚意不适，驱车登古原。

夕阳无限好，只是近黄昏。

夕阳彻底钻进了大地之中，就在这瞬间，李商隐的心仿佛被抽走了一般，空虚孤独就像披枷带锁。当夜晚来临，晚风带来的阵阵凉意让人意识到生命又流逝了一天，当美丽的夕阳抛弃李商隐而去，李商隐心中那种对时间流逝的无奈，令他自己更加绝望。

再难忘的时光，再美丽的景色，再温暖的人，到最后都不得不互相告别，人生的常态便是如此。

当李商隐的心凉得比秋季的夜晚还冰冷时，他默默挪动了脚步，准备回长安了，在乐游原上站了一个傍晚，他的身体已经麻木了，心被抽离，回去的时候，只是一具满脸愁容的躯壳。

李商隐让马车走得很慢，长安又无人等待，于是想要回去得再晚点。他不想回去，又不能睡在这荒郊野岭，马车是在往回走的，可是目的地是哪里？长安在他心中是多么熟悉的地方，然而眼前的长安，在夕阳中消失的那个长安不在了，它仿佛是被今天的夕阳带走了一般，如今眼前这个漆黑的城池让他感觉到陌生，让他心生隔阂，这个长安没有了他的家。

游幕四方，奔波劳碌，到最后，没有一个在等候他的人，也没有一处温暖的家。

马车慢慢地走，最终还是会到某个地方。人生也是如此，即使走得再慢，即使去了错的地方，但最后同样都是去往另外一个世界，此刻李商隐希望那个时候来得快一点，好快点和王氏团聚。

活着似乎都失去了意义，这就是李商隐在晚年四处游玩的原因，人一旦失去了欲望，除了去四处看看，去感受一下回忆中的触动，还可以做些什么呢？再也没有人牵绊住他的脚步，想要去哪里便去哪里。相对于自由，李商隐更加希望有一个人对他说，你别走了吧。就像风筝无法失去握线的人，这样的牵绊是人生的重量，是活下去的动力。一旦失去了牵绊，便轻飘飘得如同蒲公英一样，四处飞落，为风所动，无处安息。

正是因为现在与将来不再有希冀，所以才想要去回忆里寻找一丝慰藉。当回忆被一次次温习，伤痛开始麻木，所以人在年老时，大多是坦然的。

去回忆里寻找自己曾经来过的影子，曾经在这个世界留下的印迹，在回忆里寻找王氏还在身边时的那个自己，用往日的感觉冲击自己麻痹的灵魂，当所有想去的地方都走遍了，人生就该结束了。

第二十四卷　曲江相遇曲江别

暮秋，他去了曲江，走上了当年与王氏相遇的小船，独自划到江中间，停了下来。他站在小船上，身后是开败了的荷花，眼前是黑得发亮的曲江水，远处隐隐传来流水声，荷叶丛里不时有虫鸟的鸣声，衬托得江上万籁俱寂。游人来曲江一般都趁着夏季，如今晚秋，空无一人的江面安静得可怕，水面偶尔被微风掀起一层涟漪，但很快又归于平静，李商隐静静地站在黑暗之中，看枯黄的荷叶，吹寒冷的秋风。

曲江之上，江中之舟，载着李商隐过往的美好回忆，然而此时在李商隐心里，只有对曲江的恨了，春恨恨相思，秋恨恨离别。

《暮秋独游曲江》

荷叶生时春恨生，荷叶枯时秋恨成。

深知身在情长在，怅望江头江水声。

“荷叶生时春恨生”，从哪里开始的从哪里结束了，这是李商隐和王氏的曲江。认识王氏时是春天，嫩绿的荷叶刚刚钻出水面，荷叶上寄托着的是年少的李商隐对王氏的一见钟情。曾经那样一抹嫩绿让李商隐平静的心跳动不已，荷叶上的每一颗露珠都仿佛在阳光下跳舞。李商隐和王氏曾经看着同一株荷叶，荷叶上的露珠交错，闪动着李商隐对王氏的爱慕。露珠中似乎倒映着王氏美丽的笑容，这样的露珠在荷叶上滚动，李商隐恨不能把自己眼中的这份爱慕随着滚动一点点传递到王氏的眼睛里。当时的自己多么爱这曲江上的荷花啊，如今回想，露珠不再可爱了，它们承载着李商隐对王氏的相思，如今，恨相思，因此恨曲江，恨荷花。

“荷叶枯时秋恨成”，眼前是秋季的曲江，荷叶枯了，甚至从江面上泛起一丝丝腐败的气息，莲蓬是一副垂头丧气的模样，李商隐低头看看自己，这模样和垂头的莲蓬那么相同，枯黄的荷叶像他自己带着哀愁的脸，衰败的景象像他自己如今无家的模样。枯荷与秋季，是枯荷带来了秋季，还是秋季带来了枯荷？无论是谁，正是在这样的景象中，王氏离去了，寒冷的秋季，冷不过李商隐心中的凄凉，李商隐又生了恨，这是对王氏离去的恨。

此身在，情长在，妻却不在，唯有怅望着长年潺潺而流的江水，满目哀伤。

大中十二年秋后，年仅四十七岁的李商隐辞世，若他是春蚕，此刻便是丝尽了，若他是蜡烛，他便成了灰，但这对他是一种解脱，他总算离开了这个残酷的世界，追随王氏而去，和王氏“岂到白头长只尔，嵩阳松雪有心期。”

李商隐的一生是贫穷的，年少丧父，才 10 岁时，家中就失去了经济来源，一身重担，体弱多病，整个一生都伴着痨病，稍微劳累就会旧病复发，官职卑微，最高当职秘书省，但都在位不久即被撤下。

李商隐的一生是纠结的，贵人众多，令狐楚，王茂元，李德裕等，他们却是互相敌对的，恩情难辞，无奈陷入党派之争，在两党中都拥有不太好的名声，最终成为两党之间的牺牲者。

李商隐的一生是孤独的，情人燕台、柳枝都被他人所夺，妻子王氏年轻早逝，知己宋华阳不知所终。

李商隐的一生是漂泊的，往往得到什么又很快就失去了，他的每一步都走得跌宕起伏，不得不四处游幕谋生，无法安稳。

李商隐的诗带着隐忍的婉约，他的生活亦是如此，为谋生而隐忍，因敏感而婉约，他面对着的是生活的现实，却有一颗感性的心灵，他屈服于生活的安排，又在诗中抒发失志的悲哀。

他的生活与他的诗完全背离了，这种绝对的背离激发了李商隐诗中对感情的无上憧憬，他的诗是在云端的，生活却如陷地下，也正是悲惨而狼狈的生活催生了极致的感情，李商隐的身上有细腻的触角，触碰到了每一点微妙的美好，这种微小的美好跟着李商隐的诗，停留在花朵上，穿梭在竹间，雨里，跟着风，伴着夕阳，走过了四十七个春秋，成就了这位诗人完整的一生。